OiLeáin
árann

Stair na n-oileán anuas go dtí 1922

antoine
POWELL

OILEÁIN ÁRANN

stair na n-oileán anuas go dtí 1922

ANTOINE POWELL

WOLFHOUND PRESS

Oileáin Árann

Foilsithe ag Wolfhound Press
68 Mountjoy Square,
Baile Átha Cliath 1.

British Library Cataloguing in Publication Data

Powell, Antoine
    Oileánn Arann.
    1.   Aran Islands—History
    I.   Title
    948.74'8   DA990.A8

ISBN 0-905473-81-7

Cló-shochraithe ag Redsetter Ltd.

Clár

BUÍOCHAS

Ba mhaith liom buíochas a ghabháil leis na daoine a thug cabhair dom agus mé ag ullmhú an leabhair seo: Aodán Breathnach, an tSr. Brigidda, an tSr. Oengus, an tSr. Trea, Theo MacMathúna, Aodh Mac Taidhg, Gearóid MacAnna, Seán Ó Donnchadha, Tadhg Robinson, Gearóidín Bean Uí Eamhthaigh, Gearóid Ó Tuathaigh, Gearóid Mac Niocaill, John Waddell, Tomás P. Ó Néill, Máirín de Valera, Pádraig de Brún, Pádraig Breathnach agus a bhean Jutta, E. Estyn Evans, Seán Ó Nualláin, Eamann Ó Tuathail, Micheál Ó Coisteabhla, an tAth. Tadhg Ó Móráin, an tAth. Pádraig Ó Tuairisc, Micheál Ó Goill, Seán Cannon agus Donall Mac ConRua.

Tá buíochas tuillte chomh maith ag foirne na n-institiúidí seo leanas: Leabharlann Náisiúnta na hÉireann, Acadamh Ríoga na hÉireann, Leabharlann Choláiste na Trionóide, Leabharlann Eaglais na hÉireann, Oifig na Státpháipéar agus Bord na n-Oibreacha Poiblí i mBaile Átha Cliath, an Science Museum, an Natural History Museum agus an National Maritime Museum i Londain, Leabharlann Cho. na Gaillimhe, Leabharlann Cho. Mhuineacháin agus Coiste Gairmoideachais Chontae Mhuineacháin.

Leaba Dhiarmada agus Gráinne i gCorrúch. (Leo Daly, Source)

1   Na Chéad Daoine

Níl fhios againn cén t-am ar tháinig na chéad daoine go hÉirinn tar éis chúlú an oighir ach sna céadta bliain roimh 3,000 R.C. tháinig daoine go hoirthuaisceart na hÉireann ó Albain a raibh ceird na feirmeoireachta acu.[1] Tá fianaise againn gur leagadh an fhoraois agus gur glanadh an talamh chun feirmeoireachta taobh thuaidh d'Abha na Banna idir 3350 R.C. agus 3200 R.C.[2] Is trí na tuamaí nó na carnchúirteanna a thóg siad a chuirimid aithne ar na daoine seo. Bhain siad leis an Ré Neoiliotach agus d'úsáid siad uirlisí cloiche agus breochloiche.[3] Bhí ceird na potaireachta acu chomh maith.[4] Tá ceann de na carnchúirteanna a thóg na feirmeoirí Neoiliotacha seo in aice le Droichead an Chláirín i gCo. na Gaillimhe,[5] rud a chruthaíonn gur chuir siad fúthu ar chóstaí Chuan na Gaillimhe. Níl aon fhianaise againn, áfach, gur tháinig siad go hÁrainn.

Timpeall 2500 R.C. tháinig na daoine a thóg na huaigheanna-le-pasáiste.[6] Níl aon rian de na daoine seo le fáil in Árainn ná fiú i gCo. na Gaillimhe ná i gCo. an Chláir.

Sna céadta bliain roimh 2000 R.C. tháinig na daoine a thóg na Dolmainí Ursanacha.[7] Arís, cé go bhfuil roinnt de na dolmainí seo i gCo. an Chláir, níl aon dolmain in Árainn.

Go gairid roimh 2000 R.C. tháinig dream eile go hÉirinn a raibh stíl nua potaireachta acu, na bíocair.[8] Is ó na bíocair seo a fhaigheann siad a n-ainm, Lucht na mBíocar.[9] Ba iad a thug uirlisí miotail go hÉirinn don chéad uair. i. uirlisí cré umha.[10] Tháinig siad chun na tíre ina dhá ngasra; gasra amháin ón mBreatain a chuir fúthu in oirthear na tíre agus gasra eile ón Mór-Roinn a chuir fúthu i gCúige Mumhan ar dtús agus a leath ansin suas fan chósta thiar chomh fada le Cúige Uladh.[11] Chomh maith le huirlisí cré umha agus stíl nua potaireachta thug Lucht na mBíocar stíl nua adhlactha leo, an uaigh dhingeach.[12]

Is uaigh dhingeach ón tréimhse seo í Leaba Dhiarmada agus Ghráinne i gCorrúch, Árainn Mhór.[13] Tá sleasa na huaighe déanta as ceithre leac ina seasamh ar a gcorr, leac eile mar chúlchloch agus trí leac mar dhíon. Íslíonn airde na huaighe ó thrí throigh ceithre orlach taobh thiar go dtí dhá throigh go leith taobh thoir agus cúngaíonn sí ó cheithre throigh go leith taobh thiar go dtí dhá throigh, naoi n-orlach taobh thoir. Bhí balla seachtrach timpeall na huaighe uair amháin agus carn á clúdach. Níl fágtha den bhalla anois ach ocht leac ó dheas den uaigh agus níl ach rian an chairn fágtha.

I gCeathrú an Lisín in Inis Meáin tá uaigh dhingeach eile a bhfuil a sleasa déanta as dhá leac agus an tríú leac anuas orthu mar dhíon.[14] Tá an leac theas deich dtroigh dhá orlach ar fad, ceithre throigh ar airde taobh thiar agus dhá throigh ar airde taobh thoir. Tá an leac thuaidh dhá throigh déag ar fad, cúig throigh ar airde taobh thiar agus ceithre throigh ar airde taobh thoir. Tá ocht gcloch as an mballa seachtrach fágtha, cúig cinn ó thuaidh agus trí cinn ó dheas.

Ba chine tréadach iad Lucht na mBíocar nár chleacht aon churadóireacht. Chuir siad fúthu in áiteanna aeracha a mbeadh féarach maith geimhridh ag a gcuid eallaigh agus, cosúil leis an dá uaigh dhingeacha atá fágtha in Árainn, is in áiteanna mar seo atá an chuid is mó de na huaigheanna dingeacha tógtha.[15]

Timpeall 1800 R.C. tháinig athrú ar chultúr Lucht na mBíocar in Éirinn: tháinig stíl nua adhlactha chun cinn.[16] Chuirtí na coirp, créamtha nó gan chréamadh, i gcistí cloch agus soitheach bia leó.[17] Cosúil leis na bíocair rompu is iad na soithigh bhia seo a thugann a n-ainm do na daoine a chleacht an cultúr nua, Lucht na Soitheach Bia. Bhí an cultúr seo roinnte ina dhá chuid, soithigh bhia i riocht babhlaí agus soithigh bhia i riocht vásaí.[18] Tháinig lucht na vásaí go hÉirinn i ndiaidh lucht na mbabhlaí agus ní raibh siad chomh forleathan ná chomh líonmhar leo. Chleacht lucht na mbabhlaí adhlacadh agus créamadh ach is créamadh amháin beagnach a chleacht lucht na vásaí. Ba fheirmeoirí iad an dá dhream, bhí uirlisí cré umha acu agus shaothraigh siad cruithneacht agus eorna.[19]

Ina ndiaidh seo tháinig daoine le stíl nua potaireachta chun na tíre agus chuir siad fúthu sna ceantair chéanna le Lucht na Soitheach Bia.[20] Arís is í stíl a gcuid potaireachta a thugann a n-ainm dóibh, Lucht na bPrócaí. Is créamadh amháin a chleacht siad. Chuiridís luaith an choirp i gcistí nó i bpoill sa talamh agus an próca anuas orthu. Chuirtí tabhartais do na mairbh isteach chomh maith m. sh. soithigh bhia i riocht vásaí.[21]

I Meitheamh na bliana 1885 fuair sagart Íosánach, an t-Ath. Donnchadh Ó Murchú, próca córdaithe agus soitheach bia i riocht

Dún Oengusa sular deisíodh é. (An Tiarna Dunraven)

1 Na Chéad Daoine

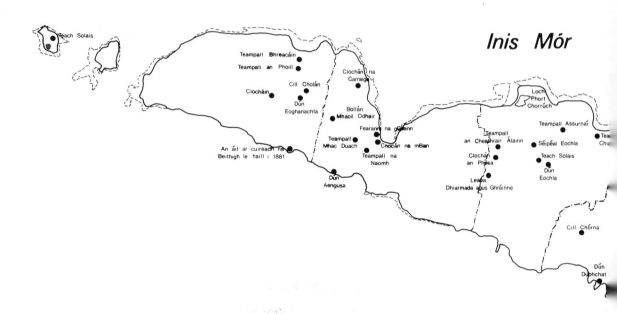

Teach Solais

Inis Mór

Teampall Bhreacáin
Teampall an Phoill
Clochán na Carraige
Cill Cholán
Clocháin
Dún Eoghanachta
Bollán Mhaoil Odhair
Fearann na gCeann
Teampall Mhac Duach
Cnocán na mBan
Teampall na Naomh
An áit ar cuireadh na Beithigh le haill i 1881
Dún Aengusa

Loch Phort Chorrúch
Teampall Assurnaí
Teampall an Cheathrair Álainn
Séipéal Eochla
Clochán an Phúca
Teach Solais
Dún Eochla
Leaba Dhiarmada agus Ghráinne
Cill Chórna
Dún Dubhchat

Oileáin Árann

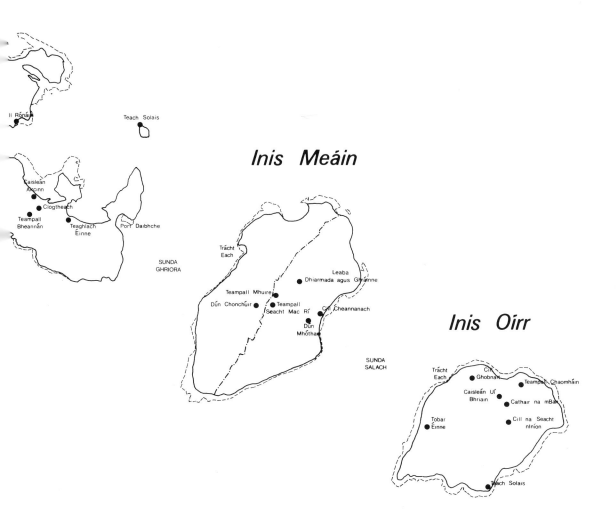

Inis Meáin

Inis Oírr

Il Rónáin

Teach Solais

Caisleán Aircinn

Clogtheach

Teampall Bheannán

Teaghlach Éinne

Port Daibhche

SUNDA GHRIORA

Trácht Each

Leaba Dhiarmada agus Ghráinne

Teampall Mhuire

Dún Chonchúir

Teampall Seacht Mac Rí

Cill Cheannanach

Dún Mhóthar

SUNDA SALACH

Trácht Each

Cill Ghobnait

Teampall Chaomháin

Caisleán Uí Bhriain

Cathair na mBan

Tobar Éinne

Cill na Seacht nInín

Teach Solais

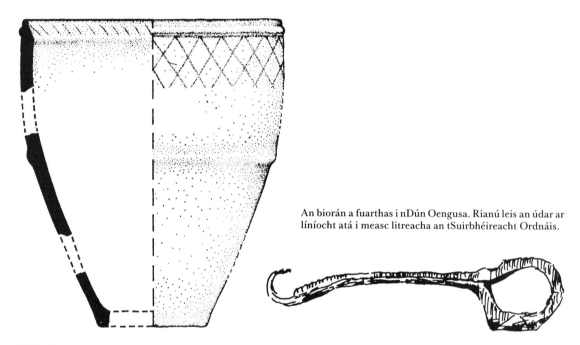

An biorán a fuarthas i nDún Oengusa. Rianú leis an údar ar líníocht atá i measc litreacha an tSuirbhéireacht Ordnáis.

Líníocht den phróca córdaithe a fuarthas in Inis Oírr.

Uaigh dhingeach i gCeathrú an Lisín. (Leo Daly, Source)

vása i dtulach i ngar do Thrá Chaorach in Inis Oírr,[22] fianaise gur mhair Lucht na bPrócaí in Árainn. Ó mhair a gcultúr ó 1800 R.C. go dtí 1200 R.C. d'fhéadfadh go mbainfeadh an t-adhlacadh seo le ham ar bith idir an dá linn.[23]

Tar éis 600 R.C. tháinig dream nua chun na tíre a raibh uirlisí iarainn leo don chéad uair. Ba iad seo na Ceiltigh.[24] B'as lár na hEorpa dóibh ó thús ach leath siad ó thuaidh tríd an bhFrainc agus chomh fada leis an mBreatain agus le hÉirinn. Sa mbliain 390 R.C. d'ionsaigh siad an Róimh agus ina dhiaidh sin chuir siad fútha i dtuaisceart na Gréige agus san Áise Bheag.[25] Tar éis 240 R.C. thosaigh a gcumhacht ag cúlú. Ós rud é nár chleacht siad scríbhneoireacht táimid faoi chomaoin ag sean scríbhneoirí na Róimhe a d'fhág cuntas againn orthu.[26] Ba chine cogúil trodach iad a chuir béim mhór ar ghníomhartha gaisce an duine aonair. Níor ghéill siad ariamh d'aon rialtas lárnach agus bhídís de shíor ag ionsaí tailte a chéile.

Ba ruathair thobanna a chleacht siad, áfach, in áit cogaíochta leanúnaí. Réitíonn an cuntas seo ar Cheiltigh na Mór-Roinne leis an léargas ar shaol Ceilteach na hÉireann a thugann scéalta laochais mar Tháin Bó Cuailgne dúinn.

Chomh maith le hiarann a thabhairt chun na tíre thug na Ceiltigh stíl nua ailtireachta leo, na dúnta.[27] In oirthear na tíre agus in áiteanna a raibh talamh méith tógadh na dúnta as cré; ach in iarthar na tíre, áit a raibh clocha níos fairsinge ná cré, tógadh as clocha iad.[28] D'oir na dúnta cloch seo go han-mhaith do mhodh cogaíochta na gCeilteach. Bhí siad go fíor éifeachtach chun ruathar tobann a sheasamh ach, ós rud é nach raibh tobar uisce istigh ná i ngar do cheachtar acu, ní fhéadfaidís léigear leanúnach a sheasamh.

Tá seacht ndún Ceilteach fágtha in Árainn agus tá ceann acu, Dún Oengusa, ar cheann de na samplaí is fearr san Eoraip den chineál seo ailtireachta. Is san Dinnsheanchas, bailiúchán dánta a cuireadh

le chéile san aonú haois déag, atá an tagairt is luaithe dó le fáil.[29] De réir cheann de na dánta seo, a chuirtear síos do Mhac Liag, file Bhriain Bhóroimhe, ba é Oengus Mac Umóir a thóg an dún. Tháinig Clann Umóir, de réir an dáin, as Albain agus chuir siad fúthu timpeall na Teamhrach. Leag an rí, Cairpre Nia Fer, cáin chomh trom sin orthu gurbh éigean dóibh imeacht agus dul ag triall ar Ailill agus ar Mhaedhbh i gCúige Chonnacht. Thug siadsan cead dóibh chun cur fúthu sa gcúige. Chuir Oengus faoi in Árainn Mhór agus chuir a dheartháir, Conchubhar, faoi i nDún Chonchubhair in Inis Meáin.

Labhraíonn Ruairí Ó Flaithearta ar an dún sa tráchtas *Iar Chonnacht* a scríobh sé sa mbliain 1684[30] ach is é an scoláire mór le rá, Seán Ó Donnabháin, a thugann an chéad chuntas beacht air sa mbliain 1839. Ag an am seo bhí cruth maith ar an gcuid thiar de bhalla an phríomhdhaingin ach bhí na codanna inmheánacha den bhalla thoir leagtha timpeall an dorais, cé go raibh an doras féin slán. Bhí droch-chaoi ar an dara agus ar an tríú balla chomh maith.[31] Timpeall na bliana 1880 dheisigh Bord na n-Oibreacha Poiblí an dún agus is iad a chuir an cruth atá air faoi láthair air.

Tá an daingean i bhfoirm leath éilips, an dá fhoirceann ag críochnú ar bhruach na haille céad daichead troigh óna chéile. Tá an balla idir cúig throigh déag agus seacht dtroigh déag ar airde agus idir aon troigh déag agus ceithre throigh déag ar tiús. Tá sé tógtha i dtrí shraith neamhspleácha, i gcruth is dá leagfaí sraith acu go seasfadh an dá shraith eile. Tá clocha láidre in éadan gach sraithe agus clocha beaga sa lár. Tá an balla thiar anois ar an airde chéanna is a bhí sé in aimsir an Donnabhánaigh, ach ní hé an tiús céanna atá sna sraitheanna agus, cé go raibh an dá shraith sheachtracha ar comh-airde an t-am sin, tá an tsraith is seachtraí anois níos airde in áiteanna ná an tsraith taobh istigh di. Tá an doras sa taobh thoir thuaidh, é cúig throigh ar airde agus trí throigh, ceithre orlach ar leithead.

Ós rud é go bhfuil na toisí seo ag freagairt do na toisí a thóg an Donnabhánach is féidir linn a bheith cinnte gurb é seandoras an dúin atá le feiceáil inniu agus nach doras deisithe é. Tá an dara balla dhá throigh déag ar airde. Tá sé tógtha ina dhá shraith neamhspleácha, agus an tsraith taobh istigh níos ísle ná an tsraith taobh amuigh. Cosúil leis an bpríomhdhaingean téann an dara balla freisin ó aill go haill. Taobh amuigh de tá píosa de bhalla eile nach bhfuil ach dhá chéad daichead troigh ar fad. Díreach faoin mballa seo tosaíonn an chevaux de frise agus téann siad timpeall an dara balla ó aill go haill. Is é is chevaux de frise ann ná spící géara cloiche sáite sa talamh chun ruathar tobann ar an dún a chosc. Tá na spící seo idir trí throigh agus cúig throigh ar airde agus tá an staill talún a chlúdaíonn siad idir seasca troigh agus nócha troigh ar leithead. Tá tríú balla an dúin timpeall dhá mhíle troigh ar fad ach níl ach corr ghiota de slán. Bhí sé tógtha ina dhá shraith freisin ach ní féidir anois a airde ná a thiús bunúsach a dhéanamh amach.

Ós rud é go bhfuil dúnta cloch le chevaux de frise timpeall orthu le fáil in iarthuaisceart na Spáinne measadh i dtosach gur mhodh cosanta Spáinneach a bhí ann a leath aníos feadh chósta thiar na hEorpa nó gur shroich sé an Bhreatain agus Éire.[32] Meastar anois, áfach, gur thosaigh sé i lár na hEorpa timpeall 600 R.C. agus go n-úsáidtí spící adhmaid. As seo leath sé siar ó dheas agus siar ó thuaidh trasna na mór-roinne, agus is amhlaidh a tháinig spící cloiche chun cinn in áit an adhmaid de bhrí go raibh siad níos láidre agus níos seasmhaí.[33]

Ceann de na cúiseanna go raibh droch-bhail ar an dún sa naoú haois déag ab ea go mbíodh daoine ag tochailt isteach sna ballaí i ndiaidh coiníní a théadh i bhfolach iontu. Sa mbliain 1839, go gairid sular thug Seán Ó Donnabháin cuairt ar an áit, tháinig lucht coiníní a fhiach ar bhiorán cré umha i mballa an dúin.[34] Meastar anois go ndear-

Garamharc ar bhallaí Dhún Oengusa sular deisíodh é. Tá sraith inmheánach an bhalla le feiceáil go soiléir áit a bhfuil an tsraith sheachtrach leagtha. (An Tiarna Dunraven)

An dún tar éis a dheisithe. Tá amharc maith anseo ar an *cheveaux de frise.* (Ulster Museum, Béal Feirste)

nadh an biorán seo am éigin idir 100 R.C. agus 100 A.D.

Cé nach féidir linn aon mhuinín a bheith againn as an bhfaisnéis atá sa dán Dinnsheanchais ó thaobh na staire de, léiríonn sé go raibh cuimhne caillte, faoin aonú haois déag, ar na daoine a thóg Dún Oengusa agus Dún Chonchubhair agus go raibh siad measctha suas le carachtair as an miotaseolaíocht. Is dóigh dá bhrí sin gur tógadh na dúnta seo sular tugadh scríbhneoireacht isteach chun na tíre sa gcúigiú haois. Cé go bhfuil na samplaí ar fad de chevaux de frise atá ar an Mór-Roinn níos luaithe ná 100 R.C. ní féidir dáta chomh luath sin a lua leis na samplaí in Éirinn, áit ar lean an córas sóisialta Ceilteach ar aghaidh gan chur isteach ó Impireacht na Róimhe ceithre chéad bliain tar éis dó dul in éag ar an Mór-Roinn. Ní féidir ach oiread aon iontaoibh a thabhairt leis an mbiorán chun dáta thógáil an dúin a dheimhniú ach cuidíonn sé féin, an dán agus an chevaux de frise le chéile leis an dáta a chur am éigin idir 100 R.C. agus 400 A.D.

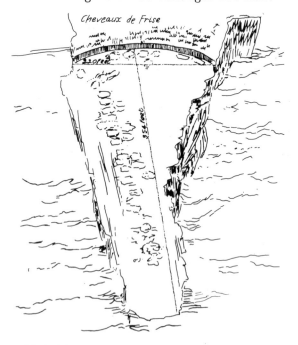

Dún Dubhchathair. Rianú leis an údar ar líníocht den dún atá i measc litreacha an tSuirbhéireacht Ordnáis.

Dún Eoghanachta sular deisíodh é. (An Tiarna Dunraven)

Is é Dún Dubhchathair an t-aon dún eile sna hoileáin a bhfuil chevaux de frise timpeall air. Níl na spící, áfach, chomh dlúth le chéile ná chomh hard leis na spící timpeall Dhún Oengusa. Tosaíonn siad ag bun an bhalla agus clúdaíonn siad paiste talún atá idir ochtó agus céad agus deich dtroigh ar leithead. Nuair a chonaic an Donnabhánach an dún seo bhí an balla fiche troigh ar airde agus ocht dtroigh déag ar tiús agus bhí doras gar don cheann thoir. Nuair a thug an Tiarna Dunraven cuairt air sa mbliain 1875 bhí an chuid thoir den bhalla, san áit a raibh an doras, leagtha agus droch-chaoi ar an gcuid eile de.[35] (Rinne stoirm tamall roimhe sin an-damáiste dó.) Deisíodh é sa mbliain 1880 agus anois tá an balla sé throigh déag ar tiús. Athraíonn an airde ó chúig throigh ag an dá fhoirceann go dtí ceithre throigh déag sa lár. Níl aon rian den doras fágtha. Cé nach luann an Donnabhánach ná Dunraven go raibh sé tógtha i sraitheanna tá trí shraith le feiceáil ann anois. Tá an dún i bhfoirm stua ciorcail dhá chéad fiche troigh ar fad ag dul trasna ceann binne.

Tá déanamh ciorcalach ar Dhún Eoghanachta le trastomhas nócha troigh. Cosúil leis na dúnta eile tá an balla tógtha i dtrí shraith neamhspleácha, an dá shraith sheachtracha ar comh-airde agus barr na sraithe inmheánaí mar ardán ag rith timpeall an dúin taobh istigh. Tá an tsraith seo idir sé throigh agus seacht dtroigh go leith ar airde agus an dá shraith sheach-tracha idir dhá throigh déag agus sé throigh déag. Cé is moite den limistéar timpeall an dorais freagraíonn toisí an dúin anois do na toisí a thóg an Donnabhánach agus, dá bhrí sin, is féidir linn a bheith cinnte nach ndearnadh mórán athraithe air ó shoin. Tá a bhunainm caillte anois agus é ainmnithe ón mbaile ina bhfuil sé suite.

Tá Dún Eochla tógtha gar don phointe is airde sna hoileáin. Is é atá ann ná dhá bhalla éilipseacha nach bhfuil comhlárnach. Nuair a chonaic an Donnabhánach é b'air a bhí an cruth ab fhearr de na dúnta ar fad. Tá balla an phríomhdhaingin tógtha ina thrí shraith agus arís tá an tsraith inmheánach níos ísle ná an dá shraith eile. Tá an phríomhais troigh is nócha ar fad agus an fho-ais cúig throigh is seachtó. Athraíonn airde an dá shraith sheach-tracha ó dhá throigh déag go dtí sé throigh déag. Athraíonn tiús iomlán an bhalla ó dheich dtroigh go leith go dtí os cionn trí throigh déag. Freagraíonn na toisí seo a bheag nó a mhór do na toisí a thóg an Donnabhánach agus, dá bhrí sin, is féidir linn a bheith cinnte nár athraigh Bord na n-Oibreacha Poiblí cruth ná cuma ginearálta an dúin nuair a dheisigh siad é. Cuireann an Donnabhánach síos, áfach, ar thrí shraith céimeanna a bheith sa gcuid in-mheánach den bhalla — sa taobh thoir-

thuaidh, theas agus thiar-theas. Cé go bhfuil céimeanna fós sna hionaid chéanna ní hionann a dtoisí agus na toisí a thóg seisean. Is dóigh, dá bhrí sin, gur céim-eanna deisithe atá iontu. Tá an daingean seo timpeallaithe ag balla eile atá idir seacht dtroigh agus dhá throigh déag ar airde. Cosúil le ballaí Dhún Oengusa, tá sé tógtha ina dhá shraith neamhspleácha agus tá an dá shraith le chéile cúig throigh go leith ar tiús.

Is dún fíorbhreá é Dún Chonchubhair atá suite ar an bpointe is airde in Inis Meáin agus tá amharc uaidh ar an oileán ar fad. Tá an príomhdhaingean i bhfoirm éilips, é dhá chéad fiche a seacht troigh ar fad ón dtaobh thuaidh-theas agus cúig throigh déag agus céad ón dtaobh thoir-thiar. Tá balla thiar an daingin ar bhruach aille atá deich dtroigh ar airde agus, dá bhrí sin, níor ghá an dara balla a thógáil ar an taobh seo. Tosaíonn an dara balla taobh thiar-thuaidh den phríomhdhaingean agus timpeallaíonn sé é go dtí go mbuaileann sé leis arís sa taobh thiar-theas. Sa mbliain 1839 bhí balla an phríomhdhaingin idir seacht dtroigh déag agus fiche troigh ar airde agus ocht dtroigh déag ar tiús. Cosúil leis na dúnta eile bhí sé tógtha ina thrí shraith neamhspleácha. Taobh istigh den daingean bhí na ballaí leagtha agus nuair a dheisigh Bord na n-Oibreacha Poiblí é thóg siad sraitheanna breise nach raibh ann ó thús. Chomh maith leis sin thóg siad sraith lárnach an bhalla thiar níos airde ná an

Dún Eochla sular deisíodh é. Tá mionchlocha le feiceáil i lár na sraithe seachtraí san áit a bhfuil an balla leagtha. Tá taca tógtha suas leis an mballa anois ag an bpointe seo. (An Tiarna Dunraven)

Cill Cheannannach agus Dún Mhóthair sa gcúlra. (An Tiarna Dunraven)

Dún Chonchubhair sular deisíodh é. (An Tiarna Dunraven)

tsraith sheachtrach. Atógadh codanna den dara balla freisin agus tá siad anois timpeall ocht dtroigh ar airde. Tá clós dronuilleogach trí throigh is seachtó ar fad agus troigh is caoga ar leithead tógtha suas in aghaidh thaobh thoir-thuaidh an bhalla seo.

Is déanamh ciorcalach atá ar Dhún Mhóthair agus, cosúil le Dún Eoghanachta, níl ann ach an príomhdhaingean. Tá an balla tógtha ina thrí shraith agus é aon troigh déag ar tiús. Tá sé trí throigh is céad ar fad ón dtaobh thuaidh-theas agus nócha troigh go leith ón dtaobh thoir-thiar. Sa mbliain 1839 bhí an chuid ab airde den bhalla cúig throigh déag ar airde. Níl aon chuid de chomh hard sin anois ach is ionann cruth dó faoi láthair agus nuair a thóg an Tiarna Dunraven grianghraf de sa mbliain 1875. Ní fhéachann sé chomh maorga leis na dúnta eile, mar go leanann sé fána na talún ar a bhfuil sé tógtha.

Tá Caisleán Uí Bhriain in Inis Oírr tógtha istigh i ndún atá céad seachtó dó troigh ar fad ón dtaobh thoir-thiar agus céad fiche a trí troigh ón dtaobh thuaidh-theas. Tá cuma mhí-rialta ar an dún seo mar go leanann sé imlíne chomh-airde an chnoic ar a bhfuil sé tógtha.

Fo-iarsmaí. Tráchtann Seán Ó Donnabháin ar uaigh dhingeach eile in Inis Meáin a bhí suite ceithre chéad slat siar ón gceann atá fágtha fós. Bhí sleasa na huaighe seo déanta as dhá leac a bhí deich dtroigh ocht n-orlach ar fad agus ceithre throigh ar airde. Bhí leac eile anuas orthu mar dhíon. Níl aon rian den uaigh seo fágtha anois.

In Árainn Mhór bhí dhá uaigh dhingeacha eile a bhí scriosta sa mbliain 1839, ceann i gCorrúch agus ceann eile i bhFearann an Choirce. Níl aon rian de na huaigheanna seo fágtha ach oiread.

De réir an Donnabhánaigh bhí dún eile leath-mhíle soir ó Dhún Eochla ach fiú ag an am sin ní raibh rian dá laghad de fágtha. Deir sé freisin go raibh rian dúin eile ar an taobh thiar-thuaidh de Dhún Dubhchathair ach go raibh sé scriosta amach is amach de bharr stoirmeacha agus titim na haille.

In Inis Oírr tá Cill na Seacht n-Iníon istigh i lár dúin atá chomh scriosta sin nach bhfuil ann ach carn cloch. Tá dún scriosta eile ar an oileán céanna ar a dtugtar Cathair na mBan.

Caisleán Uí Bhriain. (Leo Daly, Source)

2   Ára na Naomh

Dún Chonchubhair (Leo Daly, Source)

2   Ára na Naomh

Táimid faoi chomaoin ag Aibhistín Mac Raidín, manach as Mainistir Oileán na Naomh i Loch Rí, as ucht an aon chuntais leanúnaigh atá againn ar bheatha Naomh Éanna a thabhairt dúinn.[1] Chuir sé an cuntas seo le chéile as dhá lámhscríbhinn timpeall na bliana 1390 agus, cé go bhfuil na lámhscríbhinní a d'úsáid sé caillte anois, maireann a shaothar i bhfoirm lámh-scríbhinní eile i mbailiúchán Rawlinson i Leabharlann Bodleian in Oxford.[2] Cuireadh i gcló é i *Vitae Sanctorum Hiberniae* agus in *Acta Sanctorum Hiberniae* a d'fhoilsigh an t-Ath Seán Ó Colgáin i Lobhán na Beilge sa mbliain 1645. Chomh maith le cuntas Mhic Raidín chuir an t-Ath. Ó Colgáin liosta de naoimh a mhair faoi riail Éanna i gcló sa leabhar céanna, liosta dá chomharbaí agus liosta de theampaill na n-oileán a bhailigh Maoileachlainn Ó Cadhla, Ardeaspag Thuama, dó.[3] B'ámharach an rud é gur bhailigh an t-Ardeaspag Ó Cadhla an liosta céanna mar scriosadh cuid de na teampaill sa mbliain 1652[4] agus tá dhá theampall eile a tháinig saor ón scriosadh nach bhfuil tásc ná tuairisc orthu anois. Ina thráchtas *Iar Chonnacht* thug Ruairí Ó Flaithearta cuntas ar chuid de theampaill na n-oileán agus ar nósanna creidimh na háite ag deireadh an seachtú haois déag. Tá tagairtí gearra do Naomh Éanna le fáil chomh maith i mbeatha Naomh Colmcille a chuir Mánus Ó Dónaill le chéile sa mbliain 1520 agus i mbeatha Naomh Breandán. Tá tagairtí dá shinsear le fáil i Martarlaig Thamhlachta, sa Leabhar Breac, i Leabhar Laighean agus i Leabhar Bhaile an Mhóta.[6]

De réir Mhic Raidín ba mhac é Éanna le Conall Mac Daiméine, Taoiseach Oirghialla. Bhí ceathrar iníon sa chlann chomh maith, chuaigh triúr acu isteach i gclochair agus phós an ceathrú hiníon, Darenia, Oengus Mac Nadfroich Rí Chaisil.

Tar éis bhás a athar togadh Éanna mar thaoiseach agus, mar ba dhual do dhuine dá ghairm, b'éigean dó dul i mbun cogaidh go minic. De bharr achainí agus urnaí a dheirféar, Fanchea, thug sé suas a ghairm mar thaoiseach agus ghlac sé aibíd agus corann an mhanaigh.

Tar éis tamaill chuaigh sé chun na Breataine chun maireachtáil faoi riail Naomh Mansenus i Rosnat agus ina dhiaidh sin chuaigh sé chun na Róimhe áit ar bhunaigh sé mainistir.

Arís, ar achainí a dheirféar, tháinig sé ar ais go hÉirinn chun mainistir a bhunú in Árainn. I dtosach, ámh, thug sé cuairt ar a chleamhnaí, Oengus Mac Nadfroich, chun cead a fháil uaidh cur faoi sna hoileáin. Thug Oengus cead dó cé gurbh fhearr leis dá gcuirfeadh sé faoi timpeall Chaisil.

Chuaigh Éanna le céad caoga dá lucht leanúna go caladh oiriúnach chun seoladh trasna go hÁrainn. Níorbh fhéidir leo aon bhád a fháil, ach d'ordaigh Éanna dá chuid

manach cloch mhór a iompar síos chun na farraige. Chuaigh siad anáirde ar an gcloch seo agus shéid gaoth fhábharach a thug trasna na farraige iad nó go dtáinig siad i dtír in Eochaill.

Bhí págánaigh de threibh Chorcomrua ina gcónaí sna hoileáin ag an am. Nuair a chonaic siad na manaigh ag seoladh chun cladaigh ar chloch theith siad uathu trasna na farraige go Corcomrua, cé is moite dá dtaoiseach, Corbanus. D'iarr Éanna cead ar Chorbanus cur faoi sna hoileáin ach níor thug seisean cead dó cur faoi iontu ach ar feadh dhá scór lá. Ansin d'imigh sé féin i ndiaidh a mhuintire. Chonaic Éanna capaill Chorbanus ar féarach in áit darbh ainm Ard na gCaorach. Dhíbir sé as an oileán iad agus shnámh siad trasna go hInis Meáin agus as sin go hInis Oírr.

Líon Corbanus dabhach le grán, thug síos chun na farraige í agus dúirt 'Más mian le Dia go mbeadh na hoileáin ag Éanna tugadh sé an dabhach gráin seo chuige'. Leis sin tháinig aingil a thug an dabhach leo trasna na farraige chuig Éanna. Nuair a chonaic Corbanus an mhíorúilt seo thug sé na hoileáin suas d'Éanna agus do Dhia.

Thóg Éanna deich mainistir san oileán, thug leath an oileáin dá mhainistir féin agus an dara leath do na mainistreacha eile. Ní raibh na manaigh eile sásta leis an socrú seo agus rinne siad troscadh trí lá ag súil go réiteódh Dia an cheist. Ar an tríú lá tháinig aingeal chuig Éanna le dhá bhronntanas ó Dhia, cóip de na ceithre shoiscéal agus cás luachmhar le soithigh aifrinn: rud a chiallaigh gurbh é Éanna an ceannaire saolta agus spioradálta a bheadh orthu.

Tháinig fear óg darbh ainm Ciarán Mac

an tSaoir go hÁrainn chun maireachtáil faoi riail Éanna. Ba é a ghnó fad a bhí sé ann ná tuí a bhualadh. De réir an scéil bhuail sé í chomh maith sin nach raibh aon tuí ag na daoine le cur ar a dtithe agus dá bhrí sin ba dhíonta cloiche a bhíodh orthu.

Tar éis dó seacht mbliana a chaitheamh san áit bhí brionglóid aige oíche amháin ina bhfaca sé crann lán de thorthaí ag fás ar bhruach na Sionainne, agus géaga an chrainn ag clúdach na tíre ar fad. Mhínigh Éanna dó gurbh é Ciarán féin an crann agus go mbunódh sé mainistir i gCluain Mhic Nóis, ar bhruach na Sionainne, a bheadh ina máthair-theach ag a lán mainistreacha eile. D'fhág an bheirt slán ag a chéile agus cuireadh crois suas san áit ar scar siad i gcuimhne ar a gcaradas.

Athinsítear scéal na brionglóide seo arís nuair a deirtear gur tháinig Ciarán ar ais go h-Árainn chun móid an mhanaigh a thabhairt. De réir an scéil fuair Éanna bás tar éis do Chiarán imeacht an dara huair.

Istigh leis seo tá leagan eile de Bheatha Éanna nach réitíonn leis an gcéad leagan ach i gcorr-áit. De réir an dara leagan chuaigh triúr fear naofa as Éirinn, Helueus, Pupeus agus Éanna chun na Breataine chun maireachtáil faoi riail Naomh Mansenus i Rosnat. As sin chuaigh siad chun na Róimhe. Le linn dóibh a bheith ansin fuair an Pápa bás agus theastaigh on gcléir Pupeus a thoghadh mar Phápa ach dhiúltaigh sé dóibh. Ansin d'fhill an triúr ar ais go hÉirinn agus chuaigh siad féin agus céad caoga dá lucht leanúna go hArainn agus tháinig siad i dtír in Eochaill.

Rinne siad troscadh ar feadh trí lá agus chuir Dia iasc chucu i dtobar in Eochaill a bheathaigh an slua ar fad. Chuir sé bó dhearg le cloigeann bán chucu chomh maith ach, nuair a chuala sí géimneach bó eile ar an oileán, chas sí timpeall trí huaire agus léim isteach i loch ar ar tugadh Loch na Ceannainne ina dhiaidh sin.

Bhailigh an slua le chéile chun ceannaire a thoghadh agus mhol Éanna Pupeus. Dhiúltaigh seisean díreach mar a dhiúl-

---

Cóip de *Bheatha Naomh Éanna* atá i mbailiúchán Rawlinson. Tosaíonn *Beatha Naomh Éanna* i lár an chéad cholúin. Is í an chéad abairt ná: *Mirabilis Deus omnipotens in sanctis suis hunc virum sanctissimum, silicet Endeum abbatem, tanquam stellam perfulgidam huic mundo opaco transmisit, ut tenebras viciorum a mentibus peccatorum effugeret, ac lumen gratie in eisdem infunderet.* (Chuir Dia uilechumhachtach an fear ró-naofa seo, Éanna an t-ab, mar réalt lonrach chun an domhain seo chun go gcuirfeadh sé an ruaig ar an dorchadas as croíthe na bpeacach agus go líonfadh sé na croíthe céanna le solas an ghrásta.) (Bodleian Library, Oxford. Ms. Rawl. B.485. folio 3R) taigh sé don tiara tréfhillte roimhe seo. Ansin cuireadh teachtairí chun na Róimhe ag iarraidh ar an bPápa an cheist a réiteach. Dúirt an Pápa leo dul ar ais agus fanacht le comhartha ó Dhia. Nuair a tháinig an triúr ar ais leis an teachtaireacht seo bhailigh an slua le chéile athuair agus chonaic siad trí éan ag eitilt ina dtreo agus cóip de na soiscéil agus cás luachmhar leo. Thug siad an chóip de na soiscéil d'Éanna agus leag siad an cás lena thaobh. De bharr an chomhartha seo glacadh le hÉanna mar ab.

Deirtear i mbeatha Naomh Breandán gur thug an naomh sin cuairt ar Éanna in Árainn sular thosaigh sé ar a thuras farraige agus deirtear chomh maith gur in Árainn arís a bhain sé caladh amach tar éis dó a thuras a chríochnú.

De réir bheatha Cholmcille chaith Naomh Colmcille tamall in Árainn.[7] D'iarr sé ar Éanna paiste beag den oileán a thabhairt dó ach ní raibh Éanna sásta mar go raibh faitíos air dá bhfanfadh Colmcille san áit gur mhó an chlú a bheadh ar a naofacht sin ná mar a bheadh ar naofacht Éanna féin. Ansin d'iarr Colmcille air an méid talún is a chlúdódh a chochall a thabhairt dó. Bhí Éanna sásta an méid seo a thabhairt dó ach nuair a chaith Colmcille a chochall ar an talamh thosaigh sé ag leathnú agus chlúdódh sé an t-oileán ar fad ach amháin gur thóg Éanna suas é. Ansin d'ordaigh sé do Cholmcille an t-oileán a fhágáil.

Tá na tagairtí atá sa Leabhar Breac, i Leabhar Laighean agus i Leabhar Bhaile an Mhóta ag réiteach le Mac Raidín gurbh é Conall Mac Daiméine as Clochar athair Éanna ach i Martarlaig Thamhlachta deirtear gurbh é 'Ainmire Mac Rónáin de Cremthannib' a athair. Measann an scoláire Heinrich Zimmer gurb é Martarlaig Thamhlachta an foinse is sine atá againn ar stair na luath-eaglaise in Éirinn agus go bhfuil sé níos iontaofa dá bhrí sin ná na foinsí eile.[8] Dar leis, is botún a tharla sa deichiú haois, nuair a meascadh suas Éanna, ab Árann, le duine eile darbh ainm Éanna

Ó Corra, is cúis leis an tsinsearacht a thugtar dó sna foinsí is déanaí.

D'ainneoin go bhfuil an stair agus an fhinscéalaíocht do-scartha óna chéile sna scéalta faoi bheatha Éanna is féidir linn, mar sin féin, na scéalta go hiomlán a shuíomh i gcomhthéacs stairiúil. Fuair Oengus Mac Nadfroich bás sa mbliain 489 A.D. ag Cath Chell Osnaig[9] agus fuair Ciarán bás sa mbliain 548 A.D. agus é tríocha a trí bliana d'aois.[10] Fágann seo go raibh Éanna in Árainn roimh 489 A.D. agus go raibh sé fós ina bheatha ann timpeall 525 A.D. Ós rud é nach labhraíonn na h-Annála ar a bhreith ná ar a bhás ní féidir linn a bheith níos cruinne ná sin in ár gcuid dátaí.

Is deacair a rá ach oiread cé an t-am ar cumadh na scéalta féin. Go luath tar éis a mbáis tosaíodh ar bheathaí na naomh a úsáid mar ábhair seanmóirí[11] agus mar ábhar scéalaíochta. Ar an mbealach seo meascadh móitífeanna págánacha agus eachtraí áiféiseacha isteach leis an mbunscéal. Samplaí díobh seo i mbeatha Éanna is ea na manaigh ag seoladh go hÁrainn ar chloch, an troscadh trí lá agus eachtra an chochaill. Is dóigh gur cuireadh na tagairtí don Róimh agus don Phápa isteach sa dara haois déag nuair a athbhunaíodh an ceangal idir an Eaglais in Éirinn agus an Róimh. Fós féin tá ceangal idir cuid de logainmneacha na n-oileán agus na scéalta.[12] (Ní féidir a rá, áfach, an bhfuil na scéalta bunaithe ar na logainmneacha nó a mhalairt.) Tugtar Trácht Each ar thrá in Inis Meáin agus ar thrá eile in Inis Oírr i gcuimhne ar chapaill Chorbanus agus tugtar Gort an Chochaill ar phaiste talún i gCill Éinne i gcuimhne ar chochall Cholmcille. Sa seachtú haois déag thugtaí Port Éiche ar an trá atá lastoir de Iaráirne, ainm atá uirthi fós. De réir Ruairí Uí Fhlaithearta, áfach, is truailliú é an t-ainm seo ar Phort Daibhche a bhí ainmnithe i ndiaidh an dabhach gráin a thug na haingil i dtír ann.[13] In aimsir an Fhlaitheartaigh chomh maith thugtaí Loch na Ceannainne ar Loch

Phort Chorrúch i ndiaidh na bó deirge le cloigeann bán a léim isteach ann.

Tá na húdair ar fad ar aon fhocal i dtaobh go raibh Éanna ar dhuine de cheannródaithe an mhanachais in Éirinn agus go raibh a mhainistir ar cheann de na mainistreacha ba thúisce a bunaíodh sa tír.[14] Ba fhorbairt nua san Eaglais in Éirinn é an manachas ag an am seo. Thosaigh sé san Éigipt sa tríú haois nuair a thosaigh daoine cráifeacha ag tréigean an tsaoil agus ag cur fúthu leo féin sa bhfásach.[15] (Tagann 'mainistir' ón bhfocal Gréigise Σοναστεριον áit a gcónaíonn duine leis féin.[16]) Ba é Naomh Antoine (251-356) an duine ba chlúití acu seo[17] ach ba é Pachomius, duine comhaimeartha leis, a bhunaigh an manachas mar a thuigimid an focal inniu.[18] Thosaigh an manachas san Eoraip le Naomh Máirtín.[19] Rinneadh easpag ar Tours na Fraince de sa mbliain 372 agus gar don bhaile bhunaigh sé mainistir inar chleacht na manaigh féindiúltú an-dian. As seo leath an manachas chun na Breataine agus i dtús an chúigiú haois bunaíodh mainistir in iarthar Ghalloway ar a dtugtaí Candida Casa (Whithorn an lae inniu).[20] Rosnat* an t-ainm a thugtar uirthi i scríbhinní na hÉireann agus is inti a d'fhoghlaim Éanna gairm an mhanaigh timpeall céad bliain tar éis a bunaithe.[21] Meastar go raibh féindiúltú dian Naomh Máirtín á chleachtadh sa mhainistir seo agus gurbh é an féindiúltú céanna a cleachtaíodh i mainistir Éanna in Árainn.[22] As an mainistir seo agus mainistreacha luatha eile cosúil léi tháinig daoine a bhunaigh mainistreacha cáiliúla eile ar fud na hÉireann agus ina dhiaidh sin ar fud na Breataine agus na Mór-Roinne. D'éirigh an manachas chomh láidir sin sa tír gur thosaigh údarás na hEaglaise ag titim isteach i lámha na n-abaí faoi lár an séú haois agus ba ghearr gurbh eaglais

mhanachúil a bheadh san Eaglais in Éirinn.[23]

Ní bhíodh i mainistreacha na linne seo ach teampall, tithe riaracháin agus cealla na manach. Bhídís tógtha taobh istigh de chaisil chiorcalacha.[24] B'as adhmad a bhíodh an teampall tógtha ach bhféidir go mbíodh cealla na manach tógtha as clocha. Má bhíodh, ba cheallla iad cosúil le Clochán na Carraige in Árainn Mhór. In Oileán na hEaglaise i gCiarraí, áit a raibh adhmad gann agus clocha fairsing, fuarthas rian theampall adhmaid faoi bhun theampall cloiche.[25] Is dóigh mar sin gur as adhmad a thóg Éanna agus a chuid manach na chéad teampaill in Árainn.

Mhair agus d'fhás an mhainistir tar éis bhás an té a bhunaigh í agus thuill sí an t-ainm 'Ára na Naomh' do na hoileáin.[26] Is beag eolas atá againn fúithi cé is moite de thagairtí sna hAnnála do bhás na n-abaí nó 'comharbaí Éanna' mar a thugtaí orthu. Fuair Nennius bás sa mbliain 650, Neim Mac Ua Birn* sa mbliain 654, Colmán sa mbliain 723 agus Maél Tuile sa mbliain 865.[27]

Bhí athrú mór tagtha ar an eaglais faoin am a bhfuair Maél Tuile bás. Bhí na mainistreacha éirithe an saibhir agus laghdú tagtha ar spiorad na cráifeachta iontu.[28] Chun an laghdú seo a stop cuireadh ord nua cráifeachta ar bun, na Céilí Dé. Bhí a gceannáras i dTamhlacht agus ba sa mainistir seo a cuireadh Martarlaig Thamhlachta le chéile timpeall 800 A.D.[29]

Sular fhéad na Céilí Dé aon leasú buan a dhéanamh ar an Eaglais tháinig na Lochlannaigh agus lean dhá chéad bliain d'ionsaithe agus de scriosadh. Is le linn theacht na Lochlannach a tosaíodh ar na chéad teampaill le cloch agus moirtéal a thógaint sa tír agus, cé go bhfuil sé deacair dáta cruinn a chur orthu, measann an staraí ealaíne, Francoise Henry, gur thimpeall an ama seo a tógadh na teampaill

---

*Measann an staraí, Charles Thomas, gurbh ionann Rosnat agus mainistir a bhí suite ar chósta Chornwall darbh ainm Tintangel. (Thomas, Charles: Britain and Ireland in early Christian Times. London, 1971.)

*De réir nóta i Leabhar Leacain b'ionann Neim Mac Ua Birn agus Pupeus. D'fhágfadh seo, áfach, nach raibh Pupeus comhaimeartha le Naomh Éanna.

Cill Cheannannach. Tá an coirbéal thiar-theas le feiceáil ar an taobh deas. (An Tiarna Dunraven)

Teampall Bheannáin. Tá príomhais an teampaill ag rith ón dtaobh thuaidh-theas (C. na n-Oibreacha Poiblí, Baile Átha Cliath)

is sine in Árainn.[30] Tá trí cinn de na teampaill seo .i. Teampall Bheannáin, Cill Cheannannach agus Cill Ghobnait fágtha inniu sa gcruth céanna inar tógadh i dtosach iad.

Ar áit sceirdiúil aerach i gCill Éinne atá Teampall Bheannáin tógtha. Tá sé aon troigh déag ar fad agus seacht dtroigh ar leithead taobh istigh. Cosúil leis na teampaill is sine tá leaca móra ar a gcorr sna ballaí. Tá na ballaí féin claonta i dtreo an láir agus iad dhá throigh ar tiús. Tá príomhais an teampaill ag rith ón dtaobh thuaidh-theas — rud atá an-neamhghnáthach — ach tá fuinneog sa mbinn thoir faoina raibh an altóir suite.[31] Tá doras le lindéar sa mbinn thuaidh, é cúig throigh ar airde agus a thaobhanna claonta i dtreo a chéile. Tá an dá bhinn cúig throigh déag ar airde cé go raibh siad seacht dtroigh déag uair amháin. Gar don teampall tá rian caisil agus roinnt clochán fágtha. Meastar gurbh ionann an Beannán a bhfuil an teampall ainmnithe dó agus Benignus, a bhí ina dheisceabal ag Naomh Pádraig.[32]

Tá Cill Cheannannach in Inis Meáin trí throigh déag ar fad agus ocht dtroigh go leith ar leithead taobh istigh. Tá an doras le lindéar, atá suite sa mbinn thiar, ceithre throigh go leith ar airde agus an-chúng. Tá fuinneog bheag sa mbinn thoir le ceann triantánach agus tá na ballaí dhá throigh ocht n-orlach ar tiús. Tá coirbéil ag bun an dín ar an dá bhinn a bhíodh mar thacaíocht ag na rachtaí binne.[33] Laistiar den teampall tá tobar beannaithe ar a dtugtar Tobar na Ceannainne. Sa seachtú haois déag bhí traidisiún ann gur mhac le Rí Chúige Laighean é Ceannannach agus gurbh iníon leis an rí céanna í Cinnirg, a bhfuil a tobar in aice Theampall Seacht Mac Rí.[34] Sa naoú haois déag bhí an traidisiún athraithe agus ba bhean í Ceannannach anois. Lastuaidh den teampall tá leaca faoina raibh sé ráite gurbh uaigheanna seachtar naomh iad, Ceannannach agus a seisear clainne.[35]

Tá Cill Ghobnait in Inis Oírr beagnach

ar aon mhéid leis an dá theampall eile. Tá sí dhá throigh déag ocht n-orlach ar fad agus ocht dtroigh sé orlach ar leithead. Tá na ballaí dhá throigh ocht n-orlach ar tiús agus tá doras le lindéar sa mbinn thiar.

Is teampaill bheaga iad seo ar fad nach bhfuil rian ornáide dá laghad orthu. Réitíonn siad ina ndéanamh le spiorad na díthreabhachta agus an fhéindiúltaithe a cleachtaíodh i mainistreacha an séú haois agus a mhair anseo agus ansiúd ar fud na tíre anuas go dtí an dara haois déag.

Ba í an chéad chéim eile i bhforbairt na hailtireachta eaglasta in Éirinn ná tógáil na gcloigthithe timpeall an deichiú haois. Mar is léir óna n-ainm bhíodh clog na mainistreach suite iontu ach úsáideadh iad thar éinní eile mar thúir chun faire amach fá choinne ionsaithe na Lochlannach agus mar ionaid dhídine do lucht na mainistreach i gcás go n-ionsóidís.[36] Is dóigh gur thimpeall an ama seo a tógadh an cloigtheach i gCill Éinne. Bhí an cloigtheach seo ina sheasamh anuas go dtí tús an naoú haois déag nuair a leag tintreach é.[37] Níl fágtha de anois ach bun an túir atá sé throigh ar airde.

Níl d'eolas againn ar an mainistir le linn an ama seo ach dátaí báis dhá ab, Ecnach sa mbliain 916 agus Flann sa mbliain 1010.[38] Deirtear faoi Ecnach gurbh easpag agus díthreabhach a bhí ann. Ba theideal coitianta 'easpag agus díthreabhach' i rith an deichiú haois rud a léiríonn go raibh daoine cráifeacha sa tír fós in ainneoin ionsaithe na Lochlannach agus saoltacht na hEaglaise go ginearálta.[39] Níl tagairt d'aon ionsaí Lochlannach ar na hoileáin go dtí 1015, bliain tar éis bhriseadh ar a gcumhacht ag Cath Chluain Tairbh.[40] Bhí pláigh san áit sa mbliain 1019[41] agus dódh an mhainistir sa mbliain 1020.[42] Tháinig na Lochlannaigh ar ais sa mbliain 1081[43] agus an phláigh i 1095.[44] Chaill an phláigh seo Mac Maras Ó Caomháin, ab na mainistreach.

Chuir ionsaithe na Lochlannach agus na cogaí idir rithe áitiúla a lean iad isteach go mór ar an Eaglais. Chun iad féin a chosaint b'éigean do na mainistreacha taobhú le taoisigh chumhachtacha[45] agus faoin am a bhfuair Mac Maras bás bhí tuataí i gceannas a lán mainistreacha agus oifig an aba ag dul ó athair go mac.[46] Bhí leasú ag teastáil

agus ag Sionad Chaisil sa mbliain 1101 agus Sionad Rath Breasail sa mbliain 1110 saoradh an eaglais ó chumhacht na dtuataí. Roinneadh an tír ina deoisí agus eagraíodh an eaglais ar an modh Rómhánach.[47] Tugadh isteach, chomh maith, oird nua mar

Cill Ghobnait. Is comharthaí iad an doras ag cúngú ó bhun go barr agus an fhuinneog sa mbinn thoir gur sean-teampall é seo. (An Tiarna Dunraven)

na Sistéirsigh, na hAgaistínigh agus na
Beinidictigh.[48] Leath siad seo go han-
sciobtha ar fud na tíre agus níorbh fhada
go raibh deireadh leis na sean-mhainis-
treacha Ceilteacha agus na hoird Eorpacha
ina n-áit.

Ní mórán eolais atá againn ar chúrsaí
na hEaglaise in Árainn le linn an leasaithe
ach amháin corr-thagairt eile do bhás na
n-abhaí: Flann Ó h-Aodha sa mbliain
1110,[49] Maolcolaim ua Corbmacaim sa
mbliain 1114[50] agus Giollagóir sa mbliain
1167.[51] Níor bhunaigh na Sisteirsigh
Mellifont go dtí an bhliain 1140 agus mar
sin is cinnte nach raibh aon tionchar ag na
hoird nua ar an mainistir le linn do Fhlann
agus do Mhaolcolaim a bheith ina n-abaí.
Ós rud é go dtugtar 'comharba Éanna' ar
Ghiollagóir is dóigh nár bhall d'ord
Eorpach a bhí ann ach oiread. Níl tagairt
d'aon ab eile sa mainistir go dtí 1400, nuair

a bhí Donnchadh Ó Laighin ag rialú.[52] Sa
mbliain 1485 tógadh Mainistir
Phroinsiasach i gCill Éinne agus seo í an
chéad tagairt atá againn d'ord Eorpach san
áit.[53]

Toradh eile a bhí ar an gcumarsáid nua
leis an Mór-Roinn san aonú agus sa dara
haois déag ab ea gur tháinig stíl nua
ailtireachta isteach.[54] I dtosach tosaíodh
ar theampaill níos mó a thógáil, ansin
tógadh iad le corp agus córlann agus i dtús
an dara haois déag tháinig an stíl Rómhán-
úil isteach i.e. stuanna leathchiorcalacha ar
na doirse agus na fuinneoga. Leagadh an
bhinn thoir dá lán teampall agus cuireadh
córlann soir as.[55] De ghnáth bhíodh stua
Rómhánúil ag deighilt an choirp ón gcór-
lann.[56]

Tá Teampall Chiaráin sa Mainistir ar
cheann de na chéad theampaill a tógadh le
linn an leasaithe. Níl sé deighilte ina chorp

Teampall Chiaráin. Tá an fhuinneog álainn Luath-Ghotach sa mbinn níos déanaí ná an chuid eile den teampaill.
(Ulster Museum, Béal Feirste)

agus ina chórlann agus tá doras le lindéar sa mbinn thiar cosúil leis na teampaill is sine. Tá sé i bhfad níos mó ná na sean-teampaill, áfach, tá sé sé throigh agus daichead ar fad agus cúig throigh fichead ar leithead. Tá fuinneog sa mbinn thoir ar an stíl luath Ghotach a bhaineann le deireadh an dara nó tús an tríú haois déag agus is dóigh gur cuireadh isteach í tar éis gur tógadh an teampall. Tá fuinneog sa mballa theas ar an stíl chéanna ach níl sí chomh galánta leis an bhfuinneog thoir. Tá doras sa mballa thuaidh a bhaineann le stíl Ghotach an cheathrú nó an chúigiú haois déag. Sa naoú haois déag bhí an doras thiar druidte suas, rud a tharla, is dóigh, nuair a cuireadh an doras thuaidh isteach. Tá an dá dhoras oscailte anois, áfach.

Tá leacht a bhfuil poll tollta tríd agus cros gearrtha air lastoir den teampall, ceann eile siar ó dheas uaidh agus péire soir ó thuaidh. Bhí gnás coitianta san áit go dtí le gairid ball éadaigh a tharraingt tríd an bpoll

Teampall Chaomháin. Rianú leis an údar ar líníocht den teampall atá in Acadamh Ríoga na h-Éireann. Tá na trí stíl ailtireachta a bhaineann leis an teampall le feiceáil anseo i.e. an fhuinneog le ceann triantánach i mballa theas na córlainne, an fhuinneog Rómhánúil sa mbinn thoir agus an stua Gotach.

sa gcéad leacht. Measadh go mbeadh leigheas ar chosa tinne san éadach seo.[57] (Is dóigh gur chrosa tearmainn iad na crosleaca seo mar de réir rialacha na hEaglaise a thagann anuas chugainn ón seachtú haois bhíodh tearmann teampaill marcáilte go soiléir le crosa[58].) Tá tobar beannaithe, Tobar Chiaráin, laistiar den teampall. Téann daoine ar oilithreacht ann ar an 9ú lá de Mheán Fómhair. Ba sa tobar seo, de réir an dara leagan de bheatha Éanna, a fuarthas an t-iasc a bheathaigh an céad go leith duine.

De réir Uí Chadhla bhí mainistir ar an láthair seo ar a dtugtaí Mainistir Chonnacht ach leagadh í agus tógadh Teampall Chiaráin ina háit.[59] Is dóigh gur den mhainistir seo a ainmníodh an áit ina raibh sí suite mar is é an t-ainm atá uirthi fós ná 'an Mhainistir'.

Is sampla é Teampall Chaomháin in Inis Oírr de theampall ina bhfuil an corp agus an chórlann ar comhaois le chéile. Tá an doras le lindéar sa mbinn thiar agus an fhuinneog le ceann triantánach i mballa theas na córlainne i stíl atá chomh sean le Teampall Bheannáin nó Cill Cheannannach. Níl na clocha as a bhfuil sé tógtha ró-mhór áfach. Tá tuairim ann gur tógadh an teampall seo go luath sa dara haois déag nuair a bhí leasú na heaglaise sa tír ag tosú agus sular tháinig na stuanna Rómhánúla isteach.[60] Baineann an fhuinneog i mbinn thoir na córlainne leis an stíl Rómhánúil agus is dóigh gur cuireadh isteach í tar éis gur tógadh an teampall. Is ina dhiaidh seo chomh maith a cuireadh seomra siar as. Mheas Seán Ó Donnabháin gur bhun cloigthí a bhí sa seomra seo.[61] Tá an doras theas agus stua na córlainne de réir na stíle Gotaí agus is dóigh gur cuireadh isteach iad sa gceathrú nó sa gcúigiú haois déag. Tá corp an teampaill sé throigh déag go leith ar fad agus dhá throigh déag ar leithead taobh istigh agus tá an chórlann aon troigh déag go leith ar fad agus deich dtroigh go leith ar leithead.

An stua agus an fhuinneog Romhánúil i dTeampall Mhac Duach. (Ulster Museum, Béal Feirste)

Teampall Bhreacáin. Tabhair faoi deara go bhfuil clocha níos mó sa gcorp (an chuid den teampall is gaire) ná sa gcórlann. (An Tiarna Dunraven)

Soir ó thuaidh ón teampall tá Leaba Chaomháin, clós cearnógach ina ndeirtear go bhfuil Caomhán curtha. Bhí gnás san oileán codladh san gclós seo ar feadh oíche chun leigheas a fháil ar ghalair. Is é Ruairí Ó Flaithearta an chéad duine a thráchtann ar an ngnás seo sa mbliain 1685.[62] Deir sé go bhfaca sé féin fear ar tháinig dealg amach as a shúil tar éis dó oíche a chodail ann. Tráchtann Seán Ó Donnabháin ar an ngnás céanna sa mbliain 1839[63] agus bhí sé go forleathan fós i dtús na haoise seo.[64]

Is i dTeampall Mhac Duach atá an sampla is fearr againn de theampall ar cuireadh córlann soir as sa dara haois déag.[65] Léiríonn méid na gcloch agus an doras le lindéar sa mbinn thiar go bhfuil corp an teampaill seo chomh sean leis na teampaill is sine. Tá sé ocht dtroigh déag ar fad agus ceithre throigh déag go leith ar

leithead taobh istigh. Tá na ballaí an-tiubh agus tá piléir suas leis an dá bhinn. Úsáideadh na piléir chun tacaíocht a thabhairt do na rachtaí binne díreach mar a úsáideadh na coirbéil i gCill Cheannannach.[66] Idir piléir na binne thoir is ea cuireadh an chórlann isteach. Tá sí sé throigh déag ar fad agus dhá throigh déag ar leithead. Tá stua Rómhánúil idir í féin agus an corp. Tá an stua seo simplí gan ornáid agus is dóigh gur cuireadh isteach é féin agus an chórlann go gairid tar éis an tsionaid i Ráth Breasail.

Soir ó dheas ón teampall seo tá teampall eile a raibh a ainm ligthe i ndearmad sa naoú haois déag ach a dtugtar Teampall na Naomh air anois. Tá sé chomh leagtha sin nach féidir aon dáta a chur air. Siar ó dheas ón teampall tá píosa de bhalla tiubh le feiceáil ar cheap Petrie gurbh iarsma seandúin a bhí ann[67] ach d'fhéadfadh sé gur iarsma de chaiseal mainistreach é chomh maith. I dtús an naoú haois déag fuarthas iarsmaí dhá chlochán déag gar don teampall agus fuarthas bioráin chré umha agus leaca le scríbhinní orthu san áit chéanna.[68] Briseadh suas na clocháin agus na leaca sula bhféadfaí iad a scrúdú agus cé gur thit cuid de na bioráin isteach i seilbh Phetrie mheas sé suas iad le bioráin den sórt céanna a fuair sé i gCluain Mhic Nóis i gcruth is nach féidir iad a scrúdú anois.[69]

Cuireadh córlann as teampall Bhreacáin níos déanaí ná as Teampall Mhac Duach mar is léir ó stíl na hailtireachta. Ba chuid den bhunteampall luath iad an bhinn thiar agus cuid den bhalla thuaidh mar a léiríonn méid na gcloch iontu. Tá piléar amháin fágtha leis an mbinn thiar. Ar an taobh istigh den bhinn seo tá cloch ar a bhfuil an scríbhinn OR AR II CANOIN gearrtha. Ba leac uaighe í an chloch seo a bhí ar an láthair sular tógadh an chuid is sine den teampall.[70] Tógadh an chórlann, an stua agus balla theas an choirp ag deireadh an dara haois déag nó tús an tríú haois déag, mar tá an stua de réir stíl luath-Ghotach an ama sin.[71] Cuireadh an doras, an fhuinneog sa mballa theas agus an altóir isteach sa gcúigiú nó sa séú haois déag.[72] Tá an corp agus an chórlann ar comh-leithead, rud atá fíor neamhchoitianta. Tá an teampall sé throigh agus caoga ar fad agus ocht dtroigh déag go leith ar leithead. Ní fios cén t-am ar mhair Breacán ach ba easpag é agus ba é Eochaidh Ballderg a athair.[73]

Laisteas de theampall Bhreacáin tá Teampall an Phoill. Tá sé sé throigh fichead ar fad agus trí throigh déag go leith ar leithead. Is dóigh gur tógadh é sa gceathrú nó sa gcúigiú haois déag mar go bhfuil an doras agus an fhuinneog de réir stíl Ghotach na haimsire[74] sin.

Chomh maith leis an dá theampall tá iarsmaí ocht bhfoirgneamh eile ar an láthair agus féachann sé ó ionad na ndoirse gur thithe cónaithe a bhí iontu. Is comhaois iad agus Teampall an Phoill.[75]

Tá ceithre chrosleac déag ar an láthair, leac eile a bhí ar an láthair in Iarsmalann Chúige Uladh i mBéal Feirste agus dhá leac ar labhair Petrie agus Ó Donnabháin fúthu caillte anois.[76] Ar cheann de na leaca atá fágtha tá an scríbhinn VII ROMANI gearrtha. Ceapadh i dtosach gur seachtar Rómhánach a tháinig go hÁrainn ag déanamh a n-anama a bhí curtha faoin leac seo ach tháinig an seandálaí R.A.S. Macalister ar thagairt i Martarlaig Ghormáin do sheachtar dearthár as an Róimh a cuireadh chun báis ar son a gcreidimh le linn réimeas an Impire Antonius. Tá tagairt don seachtar céanna i bhFéilire Oengusa. Measann Macalister gur leacht cuimhneacháin do na deartháireacha an leac seo agus nach raibh siad ariamh in Árainn.[77]

Tá clós cearnógach ar an láthair ar a dtugtar Leaba Bhreacáin. I dtús an naoú haois déag d'iarr sagart as Gaillimh go gcuirfí anseo é tar éis a bháis agus nuair a bhíothas ag tochailt sa gclós chun a chorp a chur ann thángthas ar cheann de na leaca atá fós ar an láthair.[78] Bhí an scríbhinn SCI BRE(CA)NI nó 'Naomh Breacán' gearrtha uirthi. Faoin leac fuarthas lampa cloiche ar a raibh an scríbhinn OR AR BRAN NAILITHER nó 'guigh ar Bhran an t-oilithreach'.[79] Tá an leac anois ar bharr talún sa gclós ina bhfuarthas í agus tá an lampa in Ard-Mhúsaem na hÉireann. Tá leaca mar í seo le fáil go coitianta ar fud na tíre ar ionaid mhainistreacha, go háirithe i gCluain Mhic Nóis. Measann Francoise Henry go bhfuil cuid acu chomh luath leis an seachtú haois ach go bhfuil an leac as leaba Bhreacáin níos déanaí ná sin.[80]

Tá trí ardchrois ar an láthair atá scriosta anois. Dá mbeidís slán bheadh péire acu os cionn sé throigh ar airde agus an tríú ceann os cionn dhá throigh déag.[81] Tá na crosa seo maisithe de réir stíle atá éagsúil leis an gcuid eile d'ardchrosa na hÉireann, cé is moite de chrosa i nDíseart ó Dé agus i gCill Fhionnúrach i gCo. an Chláir.

Measann Liam de Paor gurbh iad na saoir chéanna a ghearr agus a mhaisigh iad go léir agus go dtáinig siadsin as Albain, é sin nó go raibh siad faoi thionchar stíl mhaisiúcháin na tíre sin. Gearradh na crosa seo san aonú nó sa dara haois déag.[82]

Má bhaineann an leac, ar a bhfuil OR AR II CANOIN gearrtha, leis an seachtú haois agus má tógadh Teampall an Phoill sa gcúigiú haois déag bhí mainistir ghníomhach ar an láthair seo ar feadh ocht gcéad bliain ar a laghad.

Is teampall luath eile é Teaghlach Éinne ar cuireadh fad leis níos déanaí ach is siar a cuireadh fad leis an teampall seo. Baineann an bhinn thoir agus cuid den bhalla thuaidh leis an mbunteampall a d'fhéadfadh a bheith ar comhaois le teampall Bheannáin. Cosúil le cuid de na seanteampaill tá piléir suas leis an mbinn seo agus tá fuinneog inti atá de réir na sean stíle.[83] Baineann an chuid eile den teampall leis an gceathrú nó leis an gcúigiú haois déag mar is léir ó stíl an dorais agus na fuinneoige.[84] Tá sé naoi dtroigh déag go leith ar fad agus naoi dtroigh go leith ar leithead. Sa mballa theas tá leac ar a taobh ar a bhfuil an scríbhinn OROIT AR SCANDLAN gearrtha.[85] Mar go bhfuil sí sa gcuid is déanaí den teampall ní féidir linn dáta a lua léi a bheadh chomh luath le dáta na leice i dTeampall Bhreacáin, ach is féidir linn buille faoi thuairim a thabhairt ar cé hé an Scandlan atá i gceist. I liosta de naoimh a mhair i Mainistir Éanna tráchtann an t-Ath Ó Colgáin ar Scandlan, athair Fhlann Feabhla, Ardeaspag Ard Mhaca.[86] Fuair Flann bás sa

Teaghlach Éinne. Tabhair faoi deara na piléir leis an mbinn agus na clocha móra sa mbinn agus sa mballa thuaidh. Tá na clocha is mó sa mballa clúdaithe ag an ngaineamh anois. (An Tiarna Dunraven)

Teampall an Cheathrair Álainn. (Ulster Museum, Béal Feirste)

mbliain 702 nó 704[87] agus is dóigh, dá bhrí sin, go bhfuair Scandlan féin bás am éigin sa seachtú haois.

Is é Teampall an Cheathrair Álainn i gCorrúch an t-aon teampall atá fágtha in Árainn anois a bhaineann go hiomlán leis an gceathrú nó leis an gcúigiú haois déag.[88] Tá sé deich dtroigh fichead ar fad agus sé throigh déag ar leithead. Bhí an bhinn thoir, san áit a raibh an fhuinneog, agus an balla thuaidh timpeall an dorais leagtha nuair a chonaic Seán Ó Donnabháin an teampall.[89] Deisíodh é timpeall na bliana 1880 agus cuireadh ar ais an fhuinneog agus an doras. Freagraíonn a dtoisí-sin anois do thoisí na fuinneoige agus an dorais a bhí fágtha sa mbliain 1839. De réir Uí Chadhla ba iad Breandán Biorra, Fursa, Conall agus Breacán an Ceathrar Álainn. Laistiar den teampall tá leaca faoina ndeirtí gurbh iad uaigheanna an cheathrair iad.[90]

Tá clós beag tógtha suas in aghaidh bhinn thoir an teampaill agus, cosúil lena mhacasamhail ag Teampall Chaomháin, chodlaíodh daoine ann chun leigheas a fháil ar ghalair.[91] Laisteas den teampall tá tobar beannaithe — Tobar an Cheathrair Álainn — agus, fós féin, téann daoine ar turas ann ar an gcúigiú lá déag de Lúnasa. Bhí traidisiún san áit go bhfuair cailín dall as Co. Shligigh radharc na súl ar ais nuair a cuimlíodh uisce an tobair seo dá súile.[92] B'ar an traidisiún seo a bhunaigh J. M. Synge an dráma 'The Well of the Saint'.

Chomh maith leis na teampaill seo tá trí theampall eile sna hoileáin nach féidir dátaí a chur orthu mar go bhfuil siad ró-scriosta. Is iad na teampaill seo ná Teampall Assurnaí sa Mainistir, Cill Chórna siar ó dheas Ó Chill Rónáin agus Teampall Seacht Mac Rí in Inis Meáin.

Deireann Ó Cadhla go raibh urraim mhór ag muintir Árann do Theampall Assurnaí. Bhí urraim mhór acu fós dó in aimsir Uí Dhonnabháin mar chodlaíodh daoine i gclós a bhí tógtha suas in aghaidh na binne

Teampall Assurnaí. (An Tiarna Dunraven)

thoir ar a dtugtaí Leaba na Suarnaí. Bhí tobar beannaithe lastoir den chlós seo ar a dtugtaí Bollán na Suarnaí. Deireann an Donnabhánach go raibh rian fuinneoige fágtha sa mbinn thoir agus rian dorais sa mbinn thiar ach go raibh siad ró-scriosta le haon scrúdú a dhéanamh orthu. Is dóigh óna suíomh, áfach, gur teampall réasúnta luath atá ann. Tá sé fiche troigh ar fad agus ceithre throigh déag go leith ar leithead. Tá na ballaí, atá trí throigh ar tiús, tógtha go han-gharbh. Ní fios cén naomh a bhfuil an teampall seo ainmnithe dó. Mheas an t-Ath. Ó Colgáin gurbh é Essernius, deisceabal le Naomh Pádraig, é ach mheas an Donnabhánach gur bhean í darbh ainm Suarnait, a mhair i nDroichead an Chláirín i gCo. na Gaillimhe.

Tá Cill Chórna ocht dtroigh déag ar fad agus aon troigh déag go leith ar leithead. Bhí an chuid ab airde de na ballaí sé throigh in aimsir Uí Dhonnabháin ach níl ach a mbun fágtha anois. Ní labhraíonn Ó Cadhla ná Ó Flaithearta ar an teampall seo agus is dóigh, dá bhrí sin, go raibh sé as úsáid sa seachtú haois déag.

Tá Teampall Seacht Mac Rí in Inis Meáin troigh agus daichead ar fad agus fiche troigh ar leithead ach tá na ballaí chomh leagtha sin nach féidir aon tuairim a thabhairt ar an stíl inar tógadh iad. Gar don teampall tá Leaba na Cinnirge nó Eatharla Chinnirge, clós beag deich dtroigh ar fad agus cúig throigh ar leithead. Ba chlós eile é seo ina gcodlaíodh daoine.[93]

Seaniarsma Críostaí eile ab ea tobar beannaithe a bhí siar ó thuaidh ó Chill Mhuirbhí ar a dtugtaí Bollán Mhaoil Odhair.[94] Lastoir den bhaile bhí fothrach teampaill a thug a ainm don bhaile .i. Cill Mhuirbhí — ach ní raibh d'ainm air in aimsir Uí Dhonnabháin ach Eatharla.[95] Níl aon rian de fágtha anois. Tá clós eile in Eoghanacht ar a dtugtar Eatharla chomh maith.[96] Tá clocháin ar an mbaile céanna ach, cosúil le Clochán na Carraige i gCill Mhuirbhí agus Clochán an Phúca laisteas de Theampall an Cheathrair Álainn, is deacair a rá ar chuid de mhainistir iad nó nárbh ea. Cé go gciallaíonn an logainm 'Cill Rónáin' go raibh teampall ann uair amháin níl ar an mbaile anois ach clós cearnógach ar a dtugtar Leaba Rónáin.* In Inis Oírr tá fothrach ar a dtugtar Cill na Seacht n-Iníon. Ní fios cérbh iad an seachtar iníon seo ach bhí tobar beannaithe i Rinn Mhíl i gConnamara ainmnithe dóibh.[97] Gar don tobar seo bhí leac ar a dtugtaí Leac na Seacht n-Iníon. Ar an leac bhí mulláin chruinne agus, de réir thraidisiún na háite, d'fhéadfaí mallacht a chur leis na mulláin seo ach iad a chasadh in aghaidh na gréine.[98]

Labhraíonn Ó Cadhla ar sheacht dteampall eile nach bhfuil aon rian díobh

*I mbeatha Naomh Breandán deirtear nuair a tháinig Breandán i dtír in Árainn gur chuir Éanna, Pupeus agus Ronad fáilte roimhe. Seo í an t-aon tagairt atá le fáil do naomh in Árainn a bhféadfadh Cill Rónáin a bheith ainmnithe dó.

fágtha anois. Is iad na teampaill seo ná Cill Éinne nó Teampall Mór Éinne, Teampall Mhac Canainn, Teampall Mhuire agus Teampall Mhac Longa i gCill Éinne, Cill na Manach a bhí suite áit éigin siar ó Chill Éinne, Teampall Mhuire in Inis Meáin agus Teampall Naomh Pól in Inis Oírr.

Bhí na ceithre theampall i gCill Éinne suite gar dá chéile san lagán faoin gcloigtheach[99] ach leagadh iad sa mbliain 1652 chun Caisleán Aircinn a thógáil. Ós rud é go n-úsáidtear an aidiacht 'Mór' i leith Theampall Mór Éinne ní folpáir nó gur theampall a bhí ann nach raibh níos luaithe ná an dara haois déag, sin nó gur cuireadh fad leis ag an am nó níos déanaí. Measann J. R. W. Goulden gurbh ionann Teampall Mhuire agus an mhainistir Phroinsiasach mar go raibh an mhainistir seo coisricthe don Mhaighdean Mhuire.[100] Má b'ionann is dóigh go raibh an teampall tógtha i stíl

Rianú leis an údar ar líníocht de Theampall Mhuire atá i measc litreacha an tSuirbhéireacht Ordnáis. Léiríonn stíl an dorais agus na fuinneoige gur theampall ón gcúigiú haois déag a bhí ann.

Ghotach an chúigiú haois déag. Tráchtann an t-Ath. O Colgáin ar Naomh Mac Luagna, deartháir do Chiarán agus comharba ar Éanna. Measann sé gurbh ionann an naomh seo agus Pupeus. B'fhéidir gur don naomh seo a bhí Teampall Mhac Longa ainmnithe. Ní féidir linn aon eolas a fháil ar Theampall Mhac Canainn.

Ba theampall ón gcúigiú haois déag é Teampall Mhuire in Inis Meáin[101] ar cuireadh fad leis sa mbliain 1842 agus a úsáideadh mar shéipéal paróiste.[102] Leagadh é sa mbliain 1939 nuair a tógadh an séipéal nua laisteas uaidh. Níl fágtha den sean-teampall anois ach umar uisce coisricthe atá ag doras an tséipéil nua. I dtús an naoú haois déag bhí rian teampaill eile gar do Theampall Mhuire agus deireann an Tiarna Dunraven gur ghrúpa teampall a bhí iontu a bhí coisricthe do Naomh Caireach Deargán — deirfiúr Naomh Éanna. Bhí cuimhne ag daoine ar an ainm seo nuair a thug Petrie cuairt ar an áit sa mbliain 1821 ach ní labhraíonn an Donnabhánach faoi timpeall scór blianta ina dhiaidh sin.

Níl scéal Chill na Manach, áfach, chomh simplí le scéal na dteampall eile mar nach bhfuil fhios againn fiú cá raibh sí suite. Ainmníonn Ó Cadhla teampaill Árann Mhóir, ag tosú i gCill Éinne agus ag críochnú in Eoghanacht. Sa liosta seo tá Cill na Manach idir Teampall Chiaráin agus Teampall Assurnaí, agus mheasfadh duine dá bhrí sin go raibh sí suite sa Mainistir. Sa mbliain 1685 labhraíonn Ruairí Ó Flaithearta faoin teampall arís agus tugann sé le tuiscint gur tháinig sé slán ó shaighdiúirí Chromwell agus go raibh sé ina

sheasamh fós. Aontaíonn sé le Ó Cadhla go raibh an teampall coisrichte do Naomh Caradoc Garbh agus deir sé go raibh Port Chorrúch agus an baile den ainm céanna ainmnithe i ndiaidh an naoimh seo. Ón méid seo ba dhóigh le duine gur in áit éigin i gCorrúch a bhí Cill na Manach suite. Ní fhreagraíonn an dá ionad seo dá chéile ná d'aon iarsma Críostaí eile atá fágtha ar an oileán. Mheas an t-Ath. Ó Dónaill go raibh an teampall suite in áit éigin i mBaile na mBocht, dúiche a shíneann ó Dhún Eochla siar go dtí an Dún Beag.[103] Cé go bhfuil an dúiche seo breac le seaniarsmaí níl cosúlacht teampaill ar cheann ar bith acu. B'fhéidir, áfach, go raibh teampall san áit am éigin mar i bhfiosrúchán a rinneadh ar an oileán le linn réimeas Eilíse bhí Baile na mBocht curtha síos mar thalamh Eaglaise.[104] Is é Seán Ó Donnabháin an chéad duine a rinne iarracht teacht ar ionad an teampaill seo ach fiú sa mbliain 1839 ní raibh cuimhne ag an duine ba shine ar an oileán go raibh a leithéid de theampall ariamh ann agus Cill na Manach.

Tráchtann Ó Cadhla agus Ó Flaithearta ar theampall eile in Inis Oírr darbh ainm Teampall Naomh Pól. Ach oiread le Cill na Manach níorbh fhéidir le Ó Donnabháin aon traidisiún faoin teampall eile seo a fháil. Bhí traidisiún san áit, áfach, go raibh teampall siar ó thuaidh ó Chaisleán Uí Bhriain a chlúdaigh an ghaineamh ach gur Chill Éinne Beag a thugtaí ar an teampall seo. Murab amhlaidh a d'athraigh a ainm idir 1685 agus 1839, tá scéal Theampall Naomh Pól chomh dúrúnta céanna le scéal Chill na Manach.

3 Ó na Meánaoiseanna go dtí Cogadh an Dá Rí

3   Ó na Meánaoiseanna
go dtí
Cogadh an Dá Rí

Tar éis Chath Chluain Tairbh thosaigh meath ag teacht ar chumhacht na Lochlannach in Éirinn agus thosaigh rítheaghlaigh Ghaelacha ag teacht chun cinn athuair. Ina measc bhí Eoghanacht Chaisil agus, de réir Leabhar Leacain, chuir géag den teaghlach seo fúthu in Árainn. Ní fios cén t-am ar chuir siad fúthu sna hoileáin ná cén t-am ar tháinig deireadh lena réimeas ann. De réir fiosrúcháin a rinneadh ar na hoileáin sa mbliain 1590 bhí Árainn Mhór roinnte ina trí chuid: an Trian Connachtach, an Trian Muimhneach agus an Trian Eoghanachtach.[1] Tá an roinnt seo imithe as úsáid anois ach fós féin tugtar Eoghanacht ar cheann de bhailte Árainn Mhór. Níl fágtha sna hoileáin anois i bhfoirm riain den rítheaghlach seo ach an méid sin.

Is iad Muintir Bhriain an chéad rítheaghlach eile a bhfuil tagairt dóibh a bheith in Árainn. Shíolraigh siad seo ó Bhrian Bóroimhe agus i dtús an dara haois déag chuir géag díobh, ar a dtugtaí Clann Thaidhg, fúthu i dTromra, i dtuaisceart Chondae an Chláir.[2] Fuair Tadhg Glé, ónar ainmníodh an ghéag seo, bás sa mbliain 1120 agus is é a mhac, Donnchadh Ó Briain, an chéad duine den chlann a luaitear a bheith i seilbh na n-oileán.[3]

Sa mbliain 1169 tháinig na Normannaigh go hÉirinn ach níor éirigh leo aon ghreim daingean a fháil ar Chúige Chonnacht go dtí an bhliain 1232 nuair a ghabh Risteárd de Burgo caisleán na Gaillimhe ó Fheidhlim Ó Conchubhair agus Aodh Ó Flaithearta.[4] Daingníodh an caisleán níos déanaí agus d'fhás baile ina thimpeall. Tháinig méadú an-sciobtha ar chúrsaí tráchtála agus ar shaibhreas an bhaile seo agus timpeall na bliana 1270 tógadh balla cosanta thart air.[5] Faoin mbliain 1277 bhí Diarmaid Mór Ó Briain, a bhí ina chónaí i dTromra, ag fáil dhá thonna dhéag d'fhíon in aghaidh na bliana ó thráchtálaithe an bhaile as ucht an chuain a choinneáil glan ar fhoghlaithe mara. Bhí cabhlach aige chun na hoibre seo a chur i gcrích.[6]

De réir cosúlachta bhí cairdeas buan idir Clann Thaidhg agus muintir na Gaillimhe. Sa mbliain 1333 d'éirigh Muintir de Burgo amach in aghaidh an rí. Thug siad suas a dteidil Shasanacha agus ghlac siad le nósanna agus le dlíthe na nGael.[7] Thug muintir na Gaillimhe cabhair dóibh i dtosach, ach ghéill siad athuair d'údarás an rí.[8] Ní fios ar thug Clann Thaidhg cabhair dóibh chomh maith, ach sa mbliain 1344 sheol ionadaí an Rí, Sir John Darcy, timpeall an chósta le caoga long chogaidh agus chreach sé Oileáin Árann.[9] Má ghlac Clann Thaidhg páirt san éirí amach an bhliain roimhe sin is dóigh gur in éiric air seo a d'ionsaigh an t-ionadaí iad.

Sa mbliain 1388 d'éirigh Muintir de Burgo — ar ar glaodh a'Búrc i nGaeilge —

agus an Gaillimh amach arís agus thug Clann Thaidhg in Árainn cabhair dóibh an babhta seo. Chuaigh Nicholas Kent, duine de mhuintir na Gaillimhe nár aontaigh leis an éirí amach, go Sasana ar lorg cabhrach chun naimhde an rí a chur faoi chois "i mbaile mór na Gaillimhe agus in Oileáin Árann, atá lán le rámhlonga chun Sasanaigh a ionsaí agus a chreachadh". Más ea, bhí géillte arís ag an nGaillimh agus ag Oileáin Arann d'údarás an rí sula bhféadfaí aon fheachtas a thógáil ina n-aghaidh.[10]

Mar a léirigh éirí amach na mBúrcach bhí na Normannaigh in Éirinn faoin am seo ag glacadh le teanga agus nósanna na nGael agus laghdú dá réir ag teacht ar údarás an rí. Lean an laghdú seo anuas go dtí deireadh an chúigiú haois déag. Nuair a tháinig Anraí VIII i gCoróin sa mbliain 1507 thosaigh sé ar údarás rí Shasana a athbhunú sa tír. Sa mbliain 1537 tháinig a ionadaí, an Tiarna Grey, go Gaillimh chun na leasuithe eaglasta a bhí ordaithe ag Anraí a chur i bhfeidhm. Fad a bhí sé ann tháinig taoisigh Mhuintir Mhaidín, Mhuintir Fheorais agus Mhuintir Fhlaithearta isteach chun géilleadh dó.[11] Tríd is tríd, áfach, ní mórán tionchair a

bhí ag a thuras ar an gcúige ó thaobh creidimh ná polaitíochta de agus nuair a tháinig iníon Anraí Eilís I — i gcoróin sa mbliain 1558 tá beag tionchar a bhí ag na Sasanaigh fós ar chúrsaí an chúige.

Ós rud é nach bhfuil aon tagairt dóibh sna hAnnála is dóigh go raibh Oileáin Árann síochánta go leor anuas go dtí seo. Sa mbliain 1560, áfach, sheol Mathghamhain Ó Briain ó Árainn go Deasmumhan ar thuras creachadóireachta le long agus bád. Ar a bhealach abhaile le creach agus príosúnaigh shéid stoirm láidir a scar an long agus an bád óna chéile. Nuair a bhí an long ag iarraidh teacht i dtír in Árainn stróiceadh an seol uirthi agus séideadh í trasna go dtí Cuan an Fhir Mhóir, áit ar briseadh ar na carraigeacha í. Báthadh suas le céad fear agus níor tháinig slán ach Mathghamhain féin agus triúr eile.[12]

Cúig bhliana ina dhiaidh sin mharaigh a ghaolta féin Mathghamhain ina dhún in Aircinn. Nuair a chuala Muintir na Gaillimhe faoi seo tháinig siad go hÁrainn chun díoltas a imirt ar na dúnmharfóirí ach theith siadsan ina gcuid bád trasna go Cuan Rois i gCo. an Chláir. Nuair a chuala Dónall, mac Chonchubhair Uí Bhriain, gur

Longa cogaidh Sasanacha ón gceathrú haois déag. (National Maritime Museum London)

ansin a bhí siad ghabh sé an chuid ba mhó acu agus chroch sé iad i Maigh Glé.[13]

Bhí cumhacht Chlann Thaidhg ag dul i laige faoin am seo agus ba easaontas eatarthu féin a bhí mar chúis leis. De réir thraidisiún na n-oileán comóradh cath idir dhá thaobh na clainne taobh thiar de thrá Chill Mhuirbhí agus maraíodh an oiread sin díobh gur bheag nár spíonadh an chlann.[14] Mar gheall ar an líon mór cnámharlach a bhí curtha ar láthair an chatha thugtaí Fearann na gCeann ar an áit. (De réir traidisiúin, chomh maith, sheas bantracht Chlann Thaidhg ar chnocán laisteas de Fhearann na gCeann chun féachaint ar an gcath seo agus is dá bharr sin a thugtar Cnocán na mBan ar an áit ó shin.) Ós rud é nach bhfuil aon trácht ar an gcath seo sna hAnnála ná in aon tráchtas comhaimseartha eile ní féidir aon dáta cruinn a lua leis. Is dóigh, mar sin féin, gur troideadh é am éigin idir na blianta 1560 agus 1570 agus is dóigh chomh maith gurbh é an t-easaontas céanna ba chúis leis an gcath agus le bás Mhathghamhna.

Sa mbliain 1570 b'éigean do Mhurcha Ó Briain na hoileáin a chur i ngeall do James Lynch Fitz-Ambrose as Gaillimh ar son suim airgid.[15] Cúig bhliana ina dhiaidh sin rinne Clann Thaidhg iarracht ar na hoileáin a fhuascailt ach ní go ró-mhaith a d'éirigh sin leo.[16]

Bhí imeachtaí an domhain taobh amuigh ag dul i bhfeidhm ar Árainn agus ar Chúige Chonnacht go ginearálta faoin am seo. Sa mbliain 1569 tháinig Sir Henry Sydney, ionadaí na Banríona, go Gaillimh agus cheap sé Sir Edward Fitton mar ghobharnóir ar Chúige Chonnacht[17] an chéad ghobharnóir Sasanach a ceapadh ar an gcúige. An bhliain chéanna cheap an Bhanríon Murcha na dTua Ó Flaithearta mar thaoiseach ar Iar-Chonnacht[18] cé go raibh Dónall Crón Ó Flaithearta, an taoiseach dlisteanach, ina bheatha fós. Thaobhaigh an tánaiste, Dónall an Chogaidh Ó Flaithearta, le Dónall Crón agus thosaigh cogadh idir an dá thaobh a lean roinnt

blianta.[19]

Ní fios cén t-am ar tháinig na Flaitheartaigh go hÁrainn i dtosach ach, de réir cuntais a tugadh ar chaisleáin i gCo. na Gaillimhe sa mbliain 1574, bhí trí chaisleán in Árainn: Caisleán Aircinn, Caisleán Inis Meáin agus Caisleán Inis Oírr. Ba le Murcha na dTua na caisleáin seo agus bhí James Lynch i gceannas Chaisleán Aircinn aige agus Dominic Lynch i gceannas Chaisleáin Inis Meáin agus Inis Oírr.[20]

Sa mbliain 1582, faoin scéim 'Géilleadh agus Athbhronnadh', thug Murcha na dTua suas a chuid tailte don Bhanríon agus bhronn sí ar ais air iad de réir dhlí Shasana.[21] Fuair sé Oileáin Árann ar fheo feirme. Trí mhí ina dhiaidh sin, áfach, thug an Bhanríon léas ar na hoileáin do Robert Harrison ar choinníoll go gcoinneódh sé garastún Sasanach fiche fear iontu.[22] Ní dóigh gur ghlac Harrison seilbh ar na hoileáin mar níl aon tagairt eile dó, ina leith, ina dhiaidh sin.

Sa mbliain 1584 ceapadh Sir Richard Bingham mar ghobharnóir ar Chúige Chonnacht.[23] Ba dhuine neamhthrócaireach a bhí ann a raibh rún aige chun dlí Shasana a chur i bhfeidhm ar fud an chúige ar fad. An bhliain chéanna ghabh Eoghan agus Murcha Ó Flaithearta, clann Dhónaill an Chogaidh, caisleán Bhaile na hInse ó Thadhg Ó Flaithearta, mac Mhurcha na dTua. Tar éis tamaill lean muintir Mhurcha na dTua muintir Dhónaill an Chogaidh go hÁrainn, tháinig siad orthu san oíche i ngan fhios agus rinne an dá thaobh ár ar a chéile ar an trá. Lean an troid idir an dá thaobh ach sa deireadh rinne na Sasanaigh síocháin eatarthu.[24]

D'fhan Murcha na dTua ar thaobh na gaoithe den ghobharnóir Bingham agus sa mbliain 1585 bhí sé ar dhuine dena daoine a shínigh Imshocraíocht Chonnacht.[25] Cáinmheas ar an gcúige a bhí san imshocraíocht seo chun airgead a chur ar fáil don rialtas. An bhliain ina dhiaidh sin chroch an gobharnóir seachtó duine i nGaillimh a rinne iarracht éalú ón Imshocraíocht[26] ach mar sin féin chabhraigh Murcha na dTua leis in aghaidh na Seoigheach.[27] Níor shábháil a dhílseacht don rialtas Murcha na dTua an t-am seo mar an bhliain chéanna chuir an Bhanríon an léas, a thug sí ar Oileáin Árann do Robert Harrison, ar ceal agus thug sí léas orthu do Thomas Lestrange.[28] Leag sí síos na coinníollacha céanna ar Lestrange agus a leag sí ar Harrison cúig bhliana roimhe sin. Níor fhág sí ag Murcha na dTua ach Caisleán Aircinn agus an talamh timpeall air.[29]

Sa mbliain 1587 aistríodh an gobharnóir Bingham as Connachta agus ceapadh Thomas Lestrange mar ghobharnóir ina

Ginealach Mhuintir Bhriain agus cóip d'iarratas a chuir muintir na Gaillimhe isteach ar a son chuig an mBanríon Eilís. (L.S.1281. Col. na Trionóide f.f. 115, 115V)

áit.[30] Chuir seisean garastún chun na n-oileán de réir mar a d'iarr an Bhanríon air.

Sa mbliain 1588 is ar ais i seilbh na Banríona a bhí na hoileáin arís toisc gan aon chíos a bheith íoctha orthu[32] agus thug sí, an turas seo, do John Rawson as Áth Luain iad.[32] Tamall roimhe seo thóg Rawson teach custaim ar an mbaile ach, sula bhféadfadh sé a chuid costais a fháil ar ais as táillí margaidh, dhíbir captaen an gharastúin amach é.[33] Is dóigh gur mar chúiteamh air seo a thug an Bhanríon na hoileáin dó, mar ceann de na coinníollacha a leag sí síos air ab ea a cheart do theach custaim Áth Luain a thabhairt suas.

In Aibreán na bliana seo sheol Armáid na Spáinne in aghaidh Shasana ach bhí cumhacht mhuirí na tíre sin ró-láidir di. Briseadh suas eagar na long agus theith siad suas cósta thoir na Breataine, timpeall na hAlban agus anuas feadh chósta thiar na hÉireann, áit ar briseadh go leor acu de bharr na drochaimsire. Bhí faitíos ar an rialtas go dtiocfadh na Spáinnigh i dtír in Éirinn agus go gcabhródh na taoisigh Ghaelacha leo. I gConnachta bhagair Bingham, a tháinig ar ais mar ghobharnóir san earrach, bás ar aon duine a thabharfadh dídean dóibh. I dtús Mheán an Fhómhair thosaigh na gaileoin ag seoladh thar Oileáin Árann Thóg seachg gcinn acu foscadh i mbéal na Sionainne agus briseadh ceann eile i gCuan an Dúin Bhig mar ar báthadh idir dhá chéad agus trí chéad fear. Briseadh gaileon i dTromra agus tháinig trí chéad fear i dtír aisti. Ar ordú an ghobharnóra chuir Boetius Mac Fhlannchaidh, sirriam Cho. an Chláir, na trí chéad ar fad chun báis.[34] Ar an 10ú lá den mhí chéanna chuir sé in iúl don rialtas go raibh dhá ghaileon le feiceáil timpeall Árann agus go raibh tuilleadh le feiceáil siar ó na hoileáin.[35] Briseadh dhá long i ndúiche na bhFlaitheartach. *El Halcon Blanco* ab ainm do cheann acu agus bhí Don Louis de Cordova ar bord na loinge seo. I dtosach thug na Flaitheartaigh dídean do na Spáinnigh ach

ina dhiaidh sin ghabh faitíos roimh an ngobharnóir iad agus thug siad na trí chéad acu suas don rialtas. Tugadh na trí chéad Spáinneach seo go Gaillimh agus cuireadh chun báis iad ar fad cé is moite de Don Louis agus naonúr eile.[36] I dtuarascáil a chuir Bingham chun an rialtais nuair a shocraigh rudaí síos arís mhaígh sé gur báthadh nó gur maraíodh idir sé mhíle agus seacht míle Spáinneach i gCúige Chonnacht agus gur chuir a dheartháir féin agus daoine eile idir seacht gcéad agus ocht gcéad acu seo chun báis.[37]

Chuir danarthacht an Ghobharnóra Bingham in aghaidh na Spáinneach agus na nGael a thug tacaíocht dóibh déistin ar Ghaeil agus ar Shasanaigh le chéile.[38] I ndeireadh na bliana d'éirigh Búrcaigh Mhuigheo amach ach, ón uair go raibh an iomarca gearán istigh ina aghaidh, is amhlaidh ab éigean do Bhingham cead a gcos a fhágáil acu ar feadh tamaill. Thug Murcha na dTua cabhair do na méirligh agus ina dhiaidh sin tháinig Gráinne Ní Mháille isteach ar a dtaobh.

Ba í Gráinne Ní Mháille (Gráinne Mhaol) an bantaoiseach ba chlúití in Éirinn. Ina hóige phós sí Dónall an Choghaidh Ó Flaithearta agus ba iad an bheirt mhac a bhí aici leis-sean a ghabh Caisleán Bhaile na hInse ó Thadhg Ó Flaithearta sa mbliain 1584. Bhí dearg-naimhdeas idir Gráinne agus an Gobharnóir Bingham agus is dóigh gurbh é sin a thug uirthi páirt a ghlacadh san éirí amach. Is dóigh gurbh é ba mhó a thug ar Mhurcha na dTua éirí amach ná gur baineadh Oileáin Árann de an bhliain roimhe sin. Le linn don éirí amach a bheith ar siúl rinne sé gearán faoi dhó leis an rialtas faoi iad a thógáil uaidh agus a thabhairt do Thomas Lestrange.[39] Lean an t-éirí amach suas go dtí tús na bliana 1590 nuair a síníodh conradh síochána idir an dá thaobh. Tamall roimhe seo fuair Thomas Lestrange bás agus d'ionsaigh Gráinne Ní Mháille an garastún a bhí aige in Árainn mar nach raibh fhios aici go raibh an conradh síochána sínithe. B'éigean di an chreach a bhailigh sí a thabhairt ar ais ina dhiaidh sin.[40]

I Lúnasa na bliana 1589, le linn don éirí amach a bheith ar siúl, thug an Bhanríon an dara léas ar na hoileáin do John Rawson.[41] Ní raibh seilbh ró-fhada aige orthu, áfach, mar faoi Shamhain na bliana céanna bhain an bheirt Robert Rothe as Cill Choinnigh agus John Dongan as Baile Átha Cliath teideal amach orthu. Ar bhás Dongan sa mbliain 1601 thit na hoileáin ar Rothe.[42]

De réir gníomhais, ar a bhfuil an dáta 28ú Meán Fómhair 1593, bhí eastáit ag Marcas Urmhumhan in Árainn.[43] Bhí garastún Sasanach ann fós sa mbliain 1595 mar an bhliain sin d'éirigh saighdiúirí an gharastúin amach, dhúnmharaigh siad an Captaen Fildew agus d'fhuadaigh a long.[44]

I ndeireadh na bliana seo d'ionsaigh Aodh Rua Ó Dónaill Cúige Chonnacht agus d'éirigh an cúige ar fad amach ar a thaobh. I mí Iúil na bliana 1596, le linn don chúige a bheith fós corraithe, tháinig ceithre long Spáinneach go Muigheo le hairm dona méirligh. Bhí Tadhg Mac Torlach Ó Briain i dteangmháil leo. Tháinig sé féin agus Mathghamhain Mac Donnchadha go hÁrainn agus chuaigh siad as sin go Co. an Chláir ag iarraidh muintir na dúiche sin a spreagadh chun éirí amach. Sular éirigh leo aon rud a dhéanamh anseo, áfach, ghabh Iarla Thuadhmhumhan Mathghamhain agus bhain eolas a ghnótha de.[45]

Sa mbliain 1598 bhí feirm ag John Peyton sna hoileáin a bhronn an Bhanríon air. Rinne sé clamhsán leis an rialtas an bhliain seo gur ionsaigh an Captaen Goodwine, captaen gharastún na Gaillimhe, agus an Captaen Downes a chuid tionóntaí sa mbliain 1596 agus gur ionsaigh Sir Calisthene Brooke iad sa mbliain 1597.[46]

Sa mbliain 1607 ba le Marcas Urmhumhan na hoileáin agus bhí siad ligthe ar cíos aige le duine darbh ainm Smith.[47] Sa mbliain 1618 bhí úinéireacht na n-oileán deighilte idir Henry Lynch agus William Anderson. Bhí Lynch ina oidhre ar James Lynch a fuair na hoileáin ó Mhurcha Ó Briain agus bhí Anderson ina oidhre ar theideal Thomas Lestrange. An bhliain seo dhíol Henry Lynch a theideal ar na hoileáin le hAnderson ar chaoga punt.[48]

Sa mbliain 1641 ba le Henry Lynch na hoileáin arís agus, le linn éirí amach a bheith ar siúl, rinne Clann Thaidhg agus Boetius Óg Mac Fhlannchaidh iarracht ar iad a ghabháil ar ais ach chosc Marcas Chlann Riocaird agus Iarla Thuadhmhumhan iad.[49]

Faoin am seo bhí easaontas ar cois idir an Rí Séarlas I agus an Pharlaimint i Sasana. Thoabhaigh Éire ar fad beagnach leis an Rí. Sa mbliain 1642 tháinig na haicmí éagsúla sa tír le chéile i gCill Choinnigh agus chuir siad Comhdháil Chill Choinnigh ar bun. Ba í aidhm na Comhdhála ná troid ar son an Rí, ar son an chreidimh agus ar son na hÉireann.

An bhliain chéanna tharla easaontas idir an Captaen Willoughby, captaen gharastún na Gaillimhe, agus muintir an bhaile.[50] Le linn an easaontais a bheith ar siúl chreach longa an chaptaein Oileáin Árann agus chaill Henry Lynch a theacht isteach uathu.[51] Le linn an easaontais chéanna chuidigh Éamann agus Murcha Ó Flaithearta le muintir na Gaillimhe in aghaidh an gharastúin. Ina dhiaidh seo tháinig Éamann le céad fear go hÁrainn áit ar fhan siad ar feadh coicíse. Ansin d'imigh siad agus chreach siad Tromra i gCo. an Chláir.[52]

I Sasana d'iompaigh an t-easaontas idir an rí agus an Pharlaimint amach ina chogadh cathartha agus faoin mbliain 1649 bhí buaite ar lucht an rí agus an rí féin curtha chun báis. In Éirinn bhí arm na Comhdhála fós dílis don rí ach i mí Lúnasa tháinig Oliver Cromwell chun na tíre le smacht na Parlaiminte a chur i bhfeidhm. Nuair a d'fhill sé ar ais go Sasana i mBealtaine na bliana 1650 bhí Cúige Uladh, Cúige Laighean agus an chuid ba mhó de Chúige Mumhan curtha faoi chois aige. D'fhág sé faoi Henry Ireton an chuid eile den tír a chur faoi smacht.

Líníocht comhaimseartha d'Armáid na Spáinne. (National Maritime Museum London)

Long chogaidh Sasanach ó aimsir na hArmáide. (National Maritime Museum London)

Long chogaidh Sasanach ó lár an seachtú haois déag. (National Maritime Museum London)

Rianú leis an údar ar líníocht a rinne Wakeman de Chaisleán Aircinn sa mbliain 1839.

I Mí na Nollag na bliana sin ceapadh Marcas Chlann Riocaird ina cheannaire ar arm an rí in Éirinn[53] agus rinne seisean iarracht ar shocrú a dhéanamh leis an Diúc Lorraine chun cabhair a chur chun na tíre. Cé nach raibh aon toradh buan ar na socruithe a rinneadh le Lorraine thug sé iasacht £20,000 uaidh[54] agus d'úsáid an Marcas cuid den airgead seo chun dhá chéad muscaedóir, le hoifigigh agus airm, a chur go hÁrainn in Aibreán na bliana 1651 faoi cheannas Sir Robert Lynch.[55]

I mí Lúnasa chuir fórsaí na Parlaiminte Gaillimh faoi léigear.[56] Ar an 4ú lá de Dheireadh Fómhair shroich an Coirnéal Oliver Synnott Inis Bó Finne le hairm ó Lorraine[57] agus ar an 28ú lá d'Eanáir na bliana 1652 shroich long Árainn a raibh cruithneacht, seagal agus púdar ar iompar aici.[58] Timpeall an ama chéanna tháinig dhá long chomh fada le Gaillimh le bia ach d'ionsaigh longa na Parlaiminte iad; gabhadh ceann acu agus theith an dara ceann, ach briseadh ar na carraigeacha in Árainn í.[59]

Ar an 11ú lá d'Aibreán ghéill Gaillimh agus Árainn d'fhórsaí na Parlaiminte.[60] Cuireadh garastún chun na n-oileán agus tosaíodh ar Chaisleán Aircinn a thógáil.[61] Is dóigh gur ag an am seo a leagadh na ceithre theampall i gCill Éinne. Ar fhaitíos go n-ionsófaí an garastún sula mbeadh an caisleán tógtha fágadh longa cogaidh chun an chuain a ghárdáil. Bhí an Coirnéal Oliver Synnott i seilbh Inis Bó Finne fós, áfach, agus i dtús Mhí na Nollag, le linn do na longa cogaidh a bheith imithe amach chun na farraige in aghaidh a gcuid orduithe, d'ionsaigh fórsa sé chéad fear le Synnott as Inis Bó Finne Oileáin Árann agus ghabh siad ar ais ó fhórsaí na Parlaiminte iad.[62]

Cé go raibh an tír ar fad beagnach faoi chois acu ag an am seo chuir athghabháil Árann imní ar lucht na Parlaiminte mar bhí faitíos orthu go dtiocfadh tuilleadh cabhrach ón Diúc Lorraine agus go n-úsáidfí Árainn agus Inis Bó Finne chun ionsaí

nua a dhéanamh ar an tír.[63] Bheartaigh siad, dá bhrí sin, ar na hoileáin a ghabháil ar ais chomh luath agus ab fhéidir. Iarradh ar cheannfort dhún Chionn tSáile trí long le hairm a chur chun na Gaillimhe agus fuarthas fórsa réidh chun na hoileáin a ionsaí.[64] Ar an 9ú lá d'Eanáir na bliana 1653 sheol fórsa míle trí chéad fear as Gaillimh agus an Ginearál Reynolds, ar bord an long chogaidh "Sun", i gceannas orthu.[65] Cuireadh fórsa breise sé chéad fear go hIar Chonnacht chun cabhrú leo dá mbeadh gá leo. Ní fhéachann sé gur doirteadh mórán fola an t-am seo mar ar an 13ú lá d'Eanáir ghéill garastún Chaisleán Aircinn agus socraíodh téarmaí an ghéillte idir an Maor James Harrison agus an Captaen William Draper ar son an Ghinearáil Reynolds agus an Captaen John Blackwell agus an Captaen Brian Ó Ceallaigh ar son an Choirnéil Synnott.[66] Ar a trí a chlog ar an 15ú lá d'Eanáir mháirseáil an garastún agus a gcuid oifigeach amach as Caisleán Aircinn go dtí an séipéal a bhí i ngar dó agus ansin leag siad síos a gcuid airm. Bhí sé seachtaine acu le himeacht chun na Fraince nó na Spáinne.

Fógraíodh Sir Robert Lynch, úinéir na n-oileán, ina mhéirleach agus tugadh a theideal do Erasmus Smith.[67] Críochnaíodh atógáil Chaisleán Aircinn agus coinníodh garastún ann fad a bhí an Pharlaimint i gcumhacht.

Ar an 15ú lá de Shamhain na bliana 1655 d'ordaigh an Pharlaimint don Ghinearál Coote, a bhí i gceannas gharastún na Gaillimhe, na sagairt os cionn dhá scór bliain a bhí i bpríosún aige a dhíbirt chun na Fraince nó na Portingéile agus iad seo faoi bhun dhá scór a sheoladh amach go dtí na hIndiacha Thiar mar sclábhaithe.[68] Úsáideadh Árainn mar ionad géibhinn do na sagairt sular seoladh amach iad. Bhí an Maor John Allen, tionónta le Erasmus Smith, i bhfeighil na sagart seo agus i Márta na bliana 1660 d'éiligh sé go raibh £44.17.6 caite aige orthu.[69]

Tar éis gur cuireadh Séarlas II ar ais i

gcoróin leanadh leis an ngarastún in Árainn. Sa mbliain 1662 bhí sé faoi cheannas Oliver St. George, ach aistríodh go Baile Átha Cliath iad i Lúnasa na bliana sin.[70] Cuireadh garastún faoi cheannas an Chaptaein Robert Deey go dtí na hoileáin ina n-áit. Ar an 29ú lá de'n mhí chéanna ordaíodh páighe trí mhí a íoc leis an ngarastún seo chun go bhféadfadh siad bia agus riachtanais eile a cheannach le haghaidh an gheimhridh.[71] Tugadh £30 don Chaptaen John Sandes chun bád nua a thógáil agus seanbhád leis an gcaisleán a dheisiú, agus £34 breise chun caoi a chur ar na caisleáin agus na tithe timpeall orthu in Árainn agus in Inis Bó Finne.[72] Ar an 9ú lá de Mheán Fómhair ceapadh an Captaen Deey mar cheannfort ar gharastúin an dá oileán seo.[73] Ar an 6ú lá de Mhárta na bliana 1663 d'iarr an t-Iarla Mt. Alexander ar Mharcas Urmhumhan páighe míosa breise a thabhairt do chomplacht Robert Deey mar go raibh na hoileáin ar a raibh siad chomh hiargúlta sin go raibh sé deacair bia a sholáthar dóibh.[74]

Aistríodh complacht an Chaptaein Deey as Árainn am éigin ina dhiaidh seo mar ar an 12ú lá de Mheitheamh na bliana céanna bhí daichead a cúig oifigeach agus saighdiúir faoi cheannas Oliver St. George i bhfeighil Chaisleán Aircinn arís.[75]

Ar an 2ú lá de Mheán Fómhair ceapadh an Captaen Nicholas Bayly ina ghobharnóir ar Oileáin Árann agus Inis Bó Finne agus ina cheannaire ar na garastúin sna hoileáin sin.[76] De bhrí gur throid an Captaen Bayly ar son an rí suas go dtí 1649 bhí sé i dteideal tailte a fháil i gcúiteamh a chuid seirbhíse.[77] Bhí an teideal a bhí ag Erasmus Smith ar na hoileáin ceannaithe ag Ristéard de Buitléir, agus an teideal Iarla Árann bronnta air ó 1662. Aontaíodh idir an bheirt go mbeadh brabach na n-oileán ag an gCaptaen Bayly ach cíos céad punt sa mbliain a íoc leis an Iarla, ag tosú i mí na Bealtaine 1644.[78]

Bhí an Maor John Allen san áit fós. Mheas seisean go raibh a theideal féin, mar

thionónta Erasmus Smith, níos dlisteanaí ná teideal an Chaptaein Bayly agus i mí Iúil thug sé an Captaen chun na cúirte. Thug an chúirt breith i leith Allen ach nuair a cuireadh sirriam chun na n-oileán chun breith na cúirte a chur i bhfeidhm dhíbir an Captaen Bayly as an áit é. Cuireadh an dara sirriam chun na háite agus coinníodh eisean ina phríosúnach sa gcaisleán ar feadh trí lá sular ligeadh dó dul ar ais. I mí na Samhna coigistíodh arbhar Allen agus i mí Eanáir na bliana 1665 cuireadh a chuid beithígh i ngabhann toisc nár íoc sé cíos leis an gCaptaen. Scaoileadh na beithígh saor arís nuair a d'íoc sé an cíos.

I mBealtaine na bliana céanna dhiúltaigh Allen a thuilleadh cíosa a íoc agus arís chuir sé in aghaidh theideal an Chaptaein Bayly ar na hoileáin. Le linn dó a bheith as láthair ruaig an Captaen a bhean agus a chlann as a dteach agus choinnigh sé i gCaisleán Aircinn iad go dtí gur tháinig Allen ar ais agus gur thug sé leis iad go Co. an Chláir.[79]

Chomh maith lena easaontas le hAllen thug an Captaen Bayly faoi ghnóthaí míleata a gharastúin chomh maith. Ar an 25ú lá d'Fheabhra na bliana 1664 scríobh sé cuntas ar armlón agus ar fhearais chogaidh an chaisleáin. Bhí dhá ghunna mhóra ag teastáil ann mar ní raibh ann ach seacht ngunna agus bhíodar sin chomh sean is nach mbeidís in ann an cuan a ghlanadh. Bhí bád dhá thonna dhéag ag teastáil le móin agus riachtanais eile a thabhairt chun na háite mar bhí an bád a bhí san áit ró-shean. Mar go dteastódh cúigear fear mar chriú don bhád agus nach bhféadfadh sé cúigear a spáráil as an ochtar is fiche a bhí aige d'iarr sé cúigear criú a chur chuige, sin nó líon an gharastúin a mhéadú.[80]

Tugadh na gunnaí don Chaptaen agus airgead chun bád a thógáil.[81] (Ós rud é nach raibh bád tógtha ná na caisleáin deisithe ag an gCaptaen John Sandes as an £64 a tugadh dó dhá bhliain roimhe sin, stopadh a pháighe go dtí go mbeadh an t-airgead seo íochtha ar ais.)[82] Dhá mhí ina dhiaidh sin tugadh cúig fhear déag is fiche dó chun garastúin Árann agus Inis Bó Finne a láidriú[83] agus, de réir orduithe a eisíodh ar an 12ú lá d'Eanáir na bliana 1665 cuireadh céad agus ceathrar fear breise chuige chun na garastúin a láidriú arís.[84]

Ar an 12ú lá de Mhárta ceapadh Risteárd de Buitléir, Iarla Árann, ina ghobharnóir ar Oileáin Árann agus an Captaen Bayly ina ghobharnóir ar Inis Bó Finne. An lá ina dhiaidh sin ceapadh an Captaen Bayly ina ghobharnóir ar Oileáin Árann d'uireasa an Iarla.[85]

Ar an 25ú lá de Mhárta ordaíodh don Choirnéal John Spencer an Meirgire Thomas Monck agus gunnadóirí as Árainn agus Inis Bó Finne a chur ar ais chuig a gcomplachtaí go dtí go dtabharfaí chun na cúirte iad.[86] Ní insítear cén choir a rinne siad nó an bhfuarthas ciontach nó a mhalairt iad. Tamall roimhe seo rinne Marcas Urmhumhan clamhsán faoi easpa smachta i measc na ngarastún sna hoileáin agus bhféidir gur ghné éigin den easpa smachta seo ba chúis leis an Meirgire Monck agus a chompánaigh a bheith ar a dtriail.

I measc an armlóin a bhí i ndún Chionn tSáile sa mbliain 1684 bhí gunna mór as Árainn.[87] Cheapfadh duine dá réir seo nach raibh aon gharastún san áit a thuilleadh ach ar an 2ú lá de Mhárta na bliana céanna bhí an Captaen Aymas Bushe, an Leiftenant James Thompson agus an meirgire John Murray ar na hoifigigh a raibh a gceanncheathrú sna hoileáin.[88] Faoi Mheán Fómhair, áfach, bhí siad in Éadan Doire[89] agus níl aon tagairt á dheimhniú gur cuireadh aon gharastún eile go hÁrainn ina n-áit. Deireann Hardiman gur cuireadh garastún d'arm Rí Liam ann tar éis do Ghaillimh géilleadh sa mbliain 1691.

Sa mbliain 1710 d'iarr Sir Stephen Fox, a bhí ina úinéir ar na hoileáin ag an am, cabhair ar an rialtas chun a chuid talún a chosaint mar go mbíodh foghlaithe mara Francacha ag creachadh a chuid tionóntaí. Ní bhíodh ach garastún sealadach sna hoileáin ag an am a d'imíodh i rith an gheimhridh agus bhíodh ar Sir Stephen féin iad a íoc.[90] Seo í an tagairt dheireannach atá do gharastún a bheith i gCaisleán Aircinn.

4   Réimeas na dTiarnaí Talún

4 Réimeas na dTiarnaí Talún

Tar éis athchur an Rí cheannaigh Risteárd de Buitléir Oileáin Árann ó Erasmus Smith agus sa mbliain 1662 bronnadh an teideal Iarla Árann air.[1] Fuair sé bás gan oidhre mic sa mbliain 1686 agus d'imigh an iarlaíocht in éag go dtí 1693 nuair a bronnadh an teideal ar Shéarlas de Buitléir, mac a dhearthár.[2] Mar atá luaite cheana ba é Sir Stephen Fox as Londain úinéir na n-oileán sa mbliain 1710 agus is dóigh gur cheannaigh sé iad le linn don iarlaíocht a bheith imithe in éag. Sa mbliain 1713 dhíol sé iad le hÉamann Mac Giolla Phádraig as Árainn agus Pádraig French as Muine an Mheá i gCo. na Gaillimhe ar £8,200.[3] Ba dhlíodóir é Pádraig French a cheannaigh leath na n-oileán ar iontaobhas don Oirmh. Simon Digby, Easpag Aill Finn agus an bhliain ina dhiaidh sin dhíol sé a leath leis an easpag.[4] Ba chomhúinéirí ar na hoileáin iad Clann Mhic Giolla Phádraig agus Muintir Digby anuas go dtí 1744 nuair a cheannaigh Riobard Digby an dara leath díobh.[5] D'fhan na hoileáin i seilbh a mhuintire sin anuas chomh fada leis an mbliain 1922. D'imigh an iarlaíocht in éag athuair sa mbliain 1758[6] ar bhás Shéarlais de Buitléir ach sa mbliain 1762 bronnadh ar Sir Arthur Gore í[7] agus is ag sliocht an fhir sin atá an teideal ó shin.

Níor chónaigh Muintir Digby ná Clann Bhuitléir sna hoileáin agus mar sin níl mórán eolais againn ar ghnáthimeachtaí na háite ag an am. Ba aois réasúnta síochánta in Éirinn í an t-ochtú haois déag i gcruth is nach raibh aon tábhacht mhíleata ag baint leis na hoileáin. Níl ach corrthagairt fhánach le fáil dóibh i bpáipéir an stáit agus is le cúrsaí smuglála a bhaineann na tagairtí sin.

Ag an am bhí an tír ar fad, agus Cúige Chonnacht go háirithe, an-bhocht — rud a chirfeadh bac ar smugláil fhorleathan. Mar sin féin, bhí fórsa frith-smuglála ar a lonnú in Árainn. Sa mbliain 1740 briseadh Tomás Bull, suirbhéir taoille na n-oileán as a phost mar gur thit sé i bhfiacha le smuglálaí agus nach raibh sé in ann, dá bhrí sin, an trácht neamhdhleathach a chosc. Ceapadh duine eile darbh ainm Hugh Reyney ina áit ach ba é an cás céanna aige sin é. Bhí a chleamhnaí, Gabriel Black, ina chaptaen ar long smuglála agus nuair a cuireadh Samuel, deartháir Hugh, i ndiaidh na loinge seo rinne sé moill in Árainn agus in Inis Bó Finne, i gcruth is gur éalaigh an long. Briseadh Samuel as a phost mar gheall air seo agus cuireadh Hugh ar fionraí.[8] De réir cosúlachta lean an smugláil timpeall na n-oileán anuas go dtí deireadh na haoise cé nach raibh mórán páirte ag na daoine féin inti.[9]

Timpeall na bliana 1720 thosaigh tionscal nua ar chóstaí agus ar oileáin na hAlban[10] a mbeadh sé i ndán do mhuintir Árann páirt mhór a bheith acu ann ina

Risteard de Buitléir.

Sir Arthur Gore. (Yale Centre for British Art)

Séarlas de Buitléir. (Leabharlann Náisiúnta na h-Éireann)

dhiaidh sin — tionscal na ceilpe. B'ionann ceilp agus an luaith a bhíodh fágtha nuair a dhóití feamainn. Bhaintí alcaile as an luaith seo a d'úsáidtí chun galúnach agus gloine a dhéanamh. Bhí an alcaile chéanna níos fairsinge in "barilla" a d'allmhairítí ón Spáinn, rud a choinnigh síos luach na ceilpe go dtí 1746. As seo amach mhéadaigh glaoch ar an alcaile rud a chuir ardú ar luach na ceilpe fá seach. Chuaigh sé in airde ó £2.5.0 an tonna timpeall na bliana 1750 go dtí os cionn £6 faoin mbliain 1780.[11] Le linn Chogadh Napóilean, nuair nárbh fhéidir "barilla" a allmhairiú níos mó, d'ardaigh an luach go dtí os cionn £16 an tonna.[12] Is le linn an chogaidh seo a fhaighimid an chéad tagairt do cheilp a bheith á dó in Árainn, cé gur dóigh go raibh sí á dó ann le tamall maith roimhe sin.[13] (Dála an scéil ba le linn an chogaidh chéanna a tógadh na túir fhaire in Inis Oírr agus in Árainn Mhór.)

Chomh maith le luach ard na ceilpe bhí luach ard freisin ag an am seo ar tháirgí feirme agus ar iasc, agus bhí muintir na n-oileán go maith as dá réir.[14] Ba é Cill Éinne lárionad an iascaigh agus bhí cabhlach púcán ar an mbaile a d'úsáidtí freisin leis an gceilp a iompar chun na Gaillimhe.

Sa mbliain 1814 thit luach na ceilpe mar gurbh fhéidir "barilla" a allmhairiú arís agus, freisin, fionnadh módh nua le halcaile a dhéanamh as salann farraige.[15] B'fhéidir go dtiocfadh deireadh ar fad le táirgeadh na ceilpe ag an am seo ach sa mbliain 1812 fuair tionsclaí Francach darbh ainm B. Courtois amach go raibh ábhar nua le fáil aisti — íodaín.[16] Mar amhábhar íodaín mhair táirgeadh na ceilpe in Árainn anuas go dtí 1944, cé nach bhfuarthas an luach ard ariamh arís uirthi a bhí le fáil le linn chogadh Napóilean uirthi.

San am ar thit luach na ceilpe thit luach éisc agus luach táirgí feirme freisin agus d'ísligh caighdeán mairceachtála na ndaoine

dá réir.[17]

De bharr an mhéadaithe a bhí ag teacht ar an trácht muirí timpeall chóstaí thiar na hÉireann, bhí iarratas ag dul isteach chun an rialtais chun teach solais a thógáil in Árainn Mhór. Sa mbliain 1814 reachtaíodh an feachtas agus rinneadh suirbhéireacht ar an talamh timpeall an túir faire in Eochaill. An bhliain dár gcionn fuarthas léas ar an talamh ón Oirmh. Digby agus toasíodh ar an tógáil láithreach faoi stiúradh Christopher York. Lasadh solas sa túr don chéad uair Lá Bealtaine na bliana 1818.[18]

Tugann daonáireamh 1821 an chéad phictiúr cruinn dúinn ar staid eacnamaíoch agus shóisialta na n-oileán ag an am.[19] Ba é an daonra ná 2,732: 451 in Inis Oírr, 387 in Inis Meáin agus 1,894 in Árainn Mhór. Bhí an dlús daonra ba mhó sna hoileáin i mbaile fearainn Chill Éinne áit a raibh 1,067 duine — níos mó ná leath an daonra a bhí in Árainn Mhór. Ba iad feirmeoireacht, iascach agus déanamh ceilpe slite beatha na ndaoine. In Inis Meáin agus in Inis Oírr, chomh maith le bheith ag feirmeoireacht, bhíodh na daoine ag iascach i gcuraí ó Nollaig go dtí lár an Aibreáin agus ag déanamh ceilpe as sin suas go dtí mí Mheán Fómhair. Bhí athruithe áitiúla le fáil ar fud Árainn Mhór. In Iaráirne ba bheag duine a bhíodh ag iascach ach ag feirmeoireacht agus ag déanamh ceilpe. I gCill Éinne ba iascairí iad an chuid ba mhó de na daoine agus ba bheag duine a raibh feirm aige. Amach anseo bheadh an dlúithe mhór daonra agus an spleáchas iomlán ar an iascach ina gcúis le gorta agus fiabhras a leathadh ar fud an bhaile go minic. I mbaile fearainn Eochla ba fheirmeoirí iad an chuid ba mhó de na daoine agus bhíodh cuid mhaith acu ag déanamh ceilpe freisin. Ba bheag duine a bhíodh ag iascach i gcuraí; is ó na haillte a bhídís ag iascach. I mbaile fearainn Chill Mhuirbhí ba fheirmeoirí a bhí san gcuid ba mhó de na daoine agus ní bhíodh ach corr-dhuine ag iascach nó ag déanamh ceilpe. I mbaile fearainn

Eoghanachta bhí feirmeoireacht, iascach agus déanamh ceilpe ar comhthábhacht.

Ní raibh ach sagart amháin in Árann ag an am le freastal ar na trí oileán — an t-Ath. Proinsias Ó Flaithearta. Dé réir an chuntais a thug Petrie air b'as Árainn Mhór dó agus fuair sé a chuid oideachais sa Spáinn. Bhí sé sean go mhaith ag an am seo agus an tsláinte ag cliseadh air. Is dóigh go raibh sé básaithe faoin mbliain 1825 mar bhí sagart eile san áit faoin am sin.

Cosúil leis an gcuid eile den tír bhí scoileanna scairte sna hoileáin. In Inis Oírr ba sa túr faire a bhí an scoil. Bhí scoil eile in Inis Meáin agus trí cinn in Árainn Mhór: ceann i gCill Rónáin, ceann in Eochaill agus ceann in Eoghanacht. Ba sa seanséipéal in Eochaill a bhí an scoil agus bhí beirt ag múineadh inti. D'íocadh na daltaí idir scilling agus ocht bpingne agus cúig scilling in aghaidh na ráithe agus bhíodh cuid de na múinteoirí ar lósitín i dtithe a muintire.

Sa mbliain 1819 cuireadh na gardaí cósta ar bun chun smugláil tobac a chosc[20] agus faoin mbliain 1821 bhí díorma díobh ar lonnú i gCill Rónáin.

Ba é Pádraig Ó Flaithearta as Cill Mhuirbhí a bhailigh an daonáireamh seo. De réir cosúlachta de chine thaoisigh na bhFlaitheartach, a chuir an ruaig ar Mhuintir Bhriain as na hoileáin sa seachtú haois déag, ab ea é.[21] Bhí i bhfad níos mó talún aige ná mar a bhí ag na daoine eile agus é cumhachtach go maith i measc mhuintir na háite. Ní raibh ann, áfach, ach tionónta gan buanacht, cosúil le gach duine eile, agus bhí a chumhacht ag brath go hiomlán ar é fanacht ar thaobh na gaoithe de Mhuintir Digby.

Sa mbliain 1822 bhí gorta sna hoileáin agus tháinig calar ina dhiaidh a mharaigh go leor daoine.[22] Bhí fómhar maith ann an bhliain sin, áfach, ach sa ngeimhreadh chlis an t-iascach agus bhí gorta i gCill Éinne i dtús na bliana 1823, mar nach raibh na daoine in ann fataí a cheannach.[23]

I bhFómhar na bliana 1825 chlis na fataí arís agus bhí sé ina ghorta faoi Shamhain. In Eanáir na bliana 1826 bhí baol ann go dtiocfadh an calar ar ais chomh dona agus a tháinig sé sa mbliain 1822.[24] Chuir an sagart scéala chun an rialtais ag iarraidh cabhrach, ach níor tugadh aon aird air.[25] Sula raibh mí thús an Earraigh caite bhí triúr básaithe den ocras.[26] Ansin rinne an *Connaught Journal*, páipéar áitiúil na Gaillimhe, a chúram de chás na n-oileán agus in eagrán an 27ú lá d'Fheabhra cháin siad an tiarna talún, an t-Oirmh. Digby, as ucht gan teacht i gcabhair ar na daoine. D'fhreagair George Thompson, gníomhaire an tiarna talún, an t-eagarfhocal.[27] D'áitigh seisean gur maslaíodh an t-Oirmh. Digby go héagórach agus d'iarr sé, dá bhrí sin, ar lucht an pháipéir go ngabhfaidís a leithscéal leis. Dhiúltaigh siad sin go ndéanfaidís amhlaidh fad a bhí muintir na n-oileán ag fáil bháis den ocras. Sa deireadh fuair an cás an oiread sin poiblíochta gurbh éigean don Oirmh. Digby cabhair a chur ar fáil dá chuid tionóntaí.[28]

Sa mbliain 1830 chlis na fataí timpeall chósta thiar na hÉireann rud a d'fhág gorta in Árainn an bhliain ina dhiaidh sin a bhí chomh dona le gorta na bliana 1822.[29] Lean sé suas go dtí lár na bliana.

I dtús Mheitheamh na bliana 1832 bhris calar amach i nGaillimh.[30] Leath sé go hÁrainn ach ní dheachaidh sé thar Chill Rónáin. Chomh luath agus a bhris sé amach chuir an t-Ath. Mac Giobúin agus an Captaen Whyte de chuid na nGardaí Cósta coiste fóirithinte ar bun agus d'iarr siad ar an rialtas dochtúir agus ábhar leighis a chur chucu. Cé nár cuireadh aon dochtúir chucu cuireadh ábhar leighis chucu i lár mhí Iúil, ach faoin am seo bhí seacht nduine dhéag básaithe den chalar.[31] Ina dhiaidh seo thosaigh sé ag dul ar gcúl, ach bhris sé amach arís i lár mhí Lúnasa agus an t-am seo leath sé chomh fada le Cill Éinne.[32] Theith an chuid ba mhó de na daoine as an dá bhaile agus chónaigh siad i measc na gcreag. Arís chuir an *Connaught*

Journal cás an oileáin os comhair an phobail agus bailíodh airgead chun fóirithinte orthu. Faoi Mheán Fómhair bhí deireadh leis an gcalar ach bhí seacht nduine is caoga básaithe dá bharr.[33] I rith an ama seo níor chuir an t-Oirmh. Digby ná a ghníomhaire, Thompson, cabhair dá laghad ar fáil do na daoine.

Sa mbliain 1833 thosaigh an t-Ath. Mac Giobúin ar shéipéal nua a thógáil in Eochaill agus arís chuidigh an *Connaught Journal* leis chun airgead a d'íocfadh as costas na tógála a bhailiú.[34] (Ba os comhair an tséipéil seo, atá in úsáid fós, a thionólfaí cruinnithe Chonradh na Talún agus an United Irish League níos déanaí. Is ionann é agus séipéal an Tobair Mhilis san úrscéal *Skerrett* le Liam Ó Flaithearta).

Ag an am seo ní raibh aon fhórsa lárnach póilíní sa tír, ach ón mbliain 1822 amach bhíodh an rialtas ag ceapadh giúistísí áitiúla ar fud na tíre. Chomh maith lena ndualgaisí dlíthiúla bhíodh ar na giúistísí seo síocháin a choinneáil ina gceantair féin agus aon mhíshuaimhneas a chur in iúl don rialtas.[35] Sa mbliain 1831 ceapadh Pádraig Ó Flaithearta mar ghiúistís áitiúil d'oileáin Árann.[36] Nuair a bunaíodh Constáblacht Éireann sa mbliain 1835 baineadh a ndualgaisí póilíní de na giúistísí áitiúla, ach choinnigh siad a ndualgaisí dlíthiúla.[37] Níl fhios againn cén t-am ar tháinig Constáblacht Éireann go hÁrainn i dtosach ach

faoin mbliain 1839 bhí beairic acu i gCill Mhuirbhí.[38]

De bharr an íslithe a tháinig ar chaighdeán maireachtála na tíre tar éis chogadh Napóilean bhí líon mór daoine sa tír a bhí fíorbhocht. Le teacht i gcabhair orthu seo rith an rialtas Acht Dhlí na mBocht in Éirinn sa mbliain 1837.[39] Aontaíodh grúpaí de pharóistí na tíre le chéile agus i lár gach aonaid tógadh Teach na mBocht. I bhfeighil gach aonaid bhí bord caomhnóirí ar a raibh giúistísí áitiúla agus baill eile a thoghadh íocóirí na rátaí ab airde.[40] Aon duine ar theastaigh faoiseamh uaidh faoin dlí seo bhí air a ghabháltas talún a thabhairt suas agus dul isteach i dteach na mbocht. Tháinig na costais riaracháin as rátaí na mbocht, rátaí speisialta a leagadh ar gach aonad. Ní raibh mórán tionchair ag an dlí nua seo ar Oileáin Árann i dtosach agus faoin mbliain 1853 bhí muintir Inis Oírr in ann maíomh nach ndeachaigh aon duine as an oileán ariamh go dtí teach na mbocht.[41]

I bhFómhar na bliana 1845 chlis na fataí sa tír. Bhí an Gorta Mór ar an bhfód! I Márta na bliana 1846 tugadh min do stáisiún na nGardaí Cósta in Árainn le roinnt ar na daoine ocracha.[42] Bhí coiste fóirithinte curtha ar bun san áit ag an am ar a raibh an t-Ath. Harley, an t-Ath. Mac Éil, an t-Oirmh. Cather, Pádraig Ó Flaithearta agus an Leifteanant Goslin.[43]

Rianú leis an údar ar líníocht a rinne Wakeman de Theampall Mhac Duach sa mbliain 1839. Ar chúl an Teampaill tá an teach chónaigh inar Pádraig Ó'Flaithearta.

De réir ráitis a d'eisigh siad in Aibreán na bliana céanna bhí trí chéad agus daichead duine sna hoileáin i gcruachás, gan bhia ná ábhar tine agus iad ró-lag le haon rud a shaothrú.[44] Bhailigh an coiste airgead agus fuair siad tuilleadh airgid ón rialtas le fóirithint ar na daoine.[45] Ag an am bhí fiabhras ag leathadh ar fud na n-oileán, ach bhí dochtúir acu anois — an Dr. Richardson. Nuair a buaileadh eisean tinn tháinig an Dr. Stephens ina áit.[46] Is dóigh gur éirigh leis na dochtúirí an fiabhras a chur ar gcúl, mar i litir a chuir an t-Ath. Harley go dtí an *Freeman's Journal* in Eanáir na bliana 1847 ní luann sé go bhfuair aon duine bás cé gur chlis na fataí don dara huair.[47] Sa litir chéanna déanann sé gearán nár cuireadh aon oibreacha poiblí ar bun sna hoileáin agus nár thug an tiarna talún, Miss Digby, ach dhá thonna mine do na daoine. An mhí ina dhiaidh sin fuair sé £100 ón gCoiste Lárnach Fóirithinte.[48]

An bhliain chéanna rinneadh athrú tábhachtach ar dhlí na mbocht: ceadaíodh cúnamh teaghlaigh.[49] Anois d'fhéadfadh duine faoiseamh sealadach a fháil ina theach féin gan dul go teach na mbocht. I bhFeabhra na bliana 1848, áfach, ní raibh aon duine in Árainn ag fáil chúnamh teaghlaigh.

Is cosúil mar sin nach ndearna an Gorta Mór an oiread léirscriosta in Árainn is a rinne sé sa gcuid eile den tír. In Inis Oírr ní bhfuair aon duine bás den ocras ná den fhiabhras i rith na mblianta sin[50] agus, de réir bhéaloideas na háite, ní bhfuair ach bean amháin as Cill Rónáin bás.[51]

Chuir an Gorta ina luí ar an rialtas go raibh seirbhís sláinte ag teastáil go géar sa tír agus sa mbliain 1851 ritheadh Acht na n-Íoclann.[52] Roinneadh aonaid dhlí na mbocht suas ina gceantair íoclainne agus cuireadh coiste íoclainne ar bun i ngach ceantar ar a mbíodh an giúistís, na caomhnóirí áitiúla agus íocóirí na rátaí ab airde. Bhí ar gach coiste dochtúir a cheapadh agus a íoc agus bhí aon duine, a dtugadh an coiste ticéad dó, i dteideal ábhar leighis a fháil in aisce. B'as rátaí na mbocht a bhí costas na seirbhíse seo le teacht.[53] Ba cheantar íoclainne iontu féin iad Oileáin Árann. Ós rud é gurbh é Pádraig Ó Flaithearta agus a ghiollaí íocóirí na rátaí ab airde bhí an coiste íoclainne ina lámha ó thús.[54]

Sa mbliain 1818 cuireadh cumann ar bun i mBaile Átha Cliath dar theideal "The Irish Society established for promoting the education of the native Irish through the medium of their own language".[55] Ba é an aidhm a bhí ag an gcumann seo ná an creideamh Protastúnach a chraobhscaoileadh i measc ghnáth mhuintir na hÉireann tré mheán na Gaeilge. Ó thús fuair an cumann an-tacaíocht ó Power le Poer Trench, Ardeaspag Thuama, agus ba ghearr go raibh a chuid scoileanna scaipthe ar fud na deoise. Sa mbliain 1822 cuireadh fochumann den "Irish Society" ar bun, an "London Hibernian Society". Ba é aidhm an chumainn seo ná airgead agus tacaíocht a chur ar fáil don phríomh-chumann le scoileanna a oscailt agus múinteoirí a chothú.[57] Faoin mbliain 1826 bhí scoil Phrotastúnach in Árainn faoi choimirce an "London Hibernian Society" agus múinteoir darbh ainm Pádraig Ó Dufaigh ina cúram.[58]

De réir cosúlachta ní mórán tionchair a bhí ag an gcumann ná ag an scoil ar na hoileáin, mar ba ar an mórthír ba mhó a rinne an "Irish Society" a chuid gnótha. Chun freastail ar na hoileáin agus ar na ceantair iargúlta cuireadh an "Irish Island Society" ar bun sa mbliain 1833.[59] Bhí George Thompson, gníomhaire an Oirmh. Digby, ar dhuine de stiúrthóirí an chumainn seo.[60]

Is dóigh gur thóg an cumann nua idir lámha an obair a bhí ar siúl ag an "Irish Society" in Árainn, ach dealraíonn sé nár éirigh go ró-mhaith leis sin ach oiread. Sa mbliain 1839, nuair a thug beirt d'oifigigh an chumainn cuairt lae ar Chill Rónáin, ní raibh de phobal protastúnach rompu ach

An Séipéal Protastúnach i gCill Rónáin. Tá stáisiún na nGardaí Cósta sa gcúlra. (Leo Daly, Source)

na Gardaí Cósta.[61] Cé go raibh ministir san áit faoin mbliain 1835[62] níl aon tagairt d'aon mhinistir eile a bheith ann go dtí 1846 nuair a bhí an t-Oirmh. Cather ann.[63] An bhliain chéanna tosaíodh ar an séipéal Protastúnach a thógáil i gCill Rónáin.[64] Níos déanaí sa mbliain chéanna bhí an t-Oirmh. Coffey in Árainn agus fuair seisean £10 ón "Island & Coast Society" le teacht i gcabhair ar dhaoine a bhí i gcruachás de bharr an ghorta[65] (Bhí teideal an "Irish Island Society" athraithe faoin am seo go dtí "The Island & Coast Society".)[66] Sa mbliain 1850 bhí an tOirmh. Newman san áit.[67]

Sa mbliain 1851 cuireadh an t-Oirmh. Alexander Hamilton Synge chun na háite.[68] (B'uncail é leis an drámadóir John Millington Synge.) Le linn dó a bheith san áit osclaíodh scoil Phrotastúnach i gCill

Mhuirbhí agus ceann eile in Inis Oírr,[69] ach ba i gcúrsaí iascaigh is mó a d'fhág an t-Oirmh. Synge a rian ar na hoileáin. Ag an am bhí sé deacair feoil nó iasc úr a fháil in Árainn agus mar sin bheartaigh an t-Oirmh. Synge bád a fháil agus dul ag iascach é féin. I mí Feabhra na bliana 1852 fuair sé bád, an 'Georgiana', ach go gairid tar éis di teacht go hÁrainn tháinig buíon d'iascairí an Chladaigh isteach ar foscadh ó stoirm agus bhagair siad ar na daoine gan dul ag iascach sa gcuan.[70] Chomh fada siar le 1829 bhí monaplacht ag na hiascairí seo ar iascach an chuain agus ní thugaidís cead d'aon dream eile dul ag iascach ann.[71] Níor chuir an bhagairt seo isteach ar an Oirmh. Synge, áfach.

Ar an gcéad lá de Mheitheamh na bliana 1852 d'ionsaigh díorma de bháid an Chladaigh an 'Georgiana' le linn di a bheith ag iascach gar do Chuan Chasla. Caitheadh clocha léi agus buaileadh an t-Oirmh. Synge féin. Ansin rinneadh iarracht ar dhul ar bord, ach nuair a bhagair an t-Oirmh. Synge gunna ar na hionsaitheoirí chúlaigh siad.[72] Níor tharla tada de bharr na heachtra seo agus lean an t-Oirmh. Synge air ag iascach. Ar an 11ú lá d'Aibreán na bliana 1853 d'ionsaigh báid an Chladaigh arís an "Georgiana" agus bád eile, an "Scots Grey". B'éigean don dá bhád a gcuid líonta a ghearradh agus teitheadh.[73] De bharr an dara hionsaí cuireadh long chogaidh, an "Advice", chun an chuain leis an iascach a chosaint.[74] Tamall ina dhiaidh sin gabhadh cúigear iascaire is fiche as an gCladach ar an ábhar go rabhadar páirteach san ionsaí ar na báid. Cuireadh siar faoi bhannaí iad go dtí seisiún cúirte an tSamhraidh. Anseo scaoileadh saor iad ar choinníoll nach gcuirfeadh siad isteach ar an iascach sa gcuan a thuilleadh.[75] Ní raibh a thuilleadh trioblóide ag an Oirmh.

Synge leo.

Anuas go dtí seo ní raibh aon aighneas idir lucht an "Island and Coast Society" agus an chléir Chaitliceach. Féachann sé fiú gurbh é a mhalairt a bhí fíor i rith an Ghorta nuair a bhí an t-Oirmh. Cather ar aon choiste leis an Ath. Mac Éil agus an Ath. Harley. Cé nach raibh mórán measa ag an Oirmh. Synge féin ar na sagairt ní dhéanann sé aon tagairt d'aon chonspóid phoiblí a bheith aige leo. D'athraigh an scéal sa mbliain 1855 nuair a aistríodh an t-Oirmh. Synge as Árainn agus tháinig ministir óg darbh ainm William Kilbride ann ina áit.[76] I dtús mhí Eanáir na bliana 1856 aistríodh múinteoir Protastúnach, Tomás Charde, as Inis Bó Finne go hÁrainn.[77] I dtús na bliana 1858 tharla easaontas éigin idir an t-Oirmh. Kilbride, Charde agus na sagairt. Labhair siad sin ina n-aghaidh ón altóir agus thosaigh naimhdeas á thaispeáint do na Protastúnaigh. B'éigean do ghníomhaire an tiarna talún,

Seanbhaile Chill Éinne. (Ulster Museum, Béal Feirste)

Séipéal Eochla

Thomas H. Thompson, fógra a chur amach ag ordú stop a chur leis.[78] (Bhí Thomas Thompson i bpost an ghníomhaire anois in áit a athar agus é ar dhuine de stiúrthóirí an "Island and Coast Society" ó 1848).[79]

I bhFómhar na bliana 1861 chlis na fataí agus bhí gorta ar fud na n-oileán, go háirithe i gCill Éinne. I mí na Nollag chuir Thompson coiste fóirithinte ar bun agus d'ainmnigh sé féin na baill. Ba iad seo ná: Pádraig Ó Flaithearta, a mhac Séamas, an t-Oirmh. Kilbride agus an dochtúir.[80] Bhí tús áite, ó thaobh fóirithinte, le fáil ag daoine a chuirfeadh a gclann chuig an scoil Phrotastúnach agus, dá bhrí sin, dhiúltaigh an dochtúir aon bhaint a bheith aige leis an gcoiste ó thús.[81] Dhiúltaigh muintir Inis Meáin aon bhaint a bheith acu leis ach oiread agus thug siad féin aire do cibé

duine ina measc a bhí ar an ngannchuid.[82] Mar sin féin chuaigh an coiste i mbun gnó. Chuir Thompson ocht dtonna dhéag mine agus cúig thonna dhéag guail ar fáil lena roinnt orthu siúd a bhí i gcruachás.[83] Sa mbliain 1862 cuireadh oibreacha fóirithinte ar bun agus ba é an t-Oirmh. Kilbride a bhí ina mbun. Ba iad úinéirí na n-oileán, Ardeaspag Thuama agus daoine príobháideacha eile a chuir an t-airgead ar fáil. Ní íoctaí aon airgead leis na fir oibre ach thugtaí luach sé pingine fataí sa lá dóibh. Ba é Pádraig Ó Flaithearta a chuir na fataí ar fáil. Nuair a bhíodh na hoibreacha ar siúl, áfach, bhíodh an t-Oirmh. Kilbride ag teagasc na bhfear oibre sa gcreideamh Protastúnach agus ag léamh an Bhíobla dóibh.[84] Cuireadh an scéal seo in iúl do chaomhnóirí Dhlí na mBocht agus in

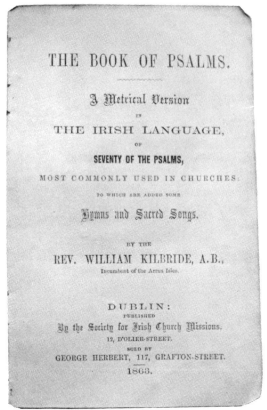

Leatanach teidil agus an chéad leathanach teacs as ais-
triúchán Gaeilge de na sailm a rinne an t-Oirmh. Kilbride.
(Leabharlann Eaglais na hÉireann, Baile Átha Cliath)

Earrach na bliana 1863 chuir siad cigire
chun na háite leis an gcás a iniúchadh.
Dhearbhaigh seisean go raibh iarracht á
déanamh ar chreideamh na bhfear oibre a
iompú agus mhol sé, dá bhrí sin, oifigeach
fóirithinte a cheapadh do na hoileáin.[85]
Chuir Thompson ina aghaidh seo mar go
n-ardódh tuarastal an oifigigh rátaí na
mbocht sna hoileáin agus, nuair a sheas na
caomhnóirí an fód, bhagair sé go ndísheal-
bhódh sé bochtáin na háite.[86] In ainneoin
na bagartha seo ceapadh Máirtín Ó Con-
chubhair mar oifigeach fóirithinte do na
hoileáin i mí na Bealtaine.[87] Choinnigh an
coiste áitiuil na hoibreacha ar siúl, ach
anois ní thugtaí obair d'aon duine a gheo-
bhadh fóirithint ón oifigeach.[88] Thaobhaigh
an chléir Chaitliceach leis, áfach, mar nach
raibh muintir na háite i dtuilleamaí na

mbíoblóirí a thuilleadh. Ag an am céanna
cháin an chléir an t-Oirmh. Kilbride go
poiblí as ucht é a bheith ag iarraidh
chreideamh na bhfear oibre a iompú agus
cháin siad freisin na daoine a chuir a gclann
chuig an scoil Phrotastúnach.[89] (Bhí
scoileanna náisiúnta san áit anois. Féach
aguisín IV.) Lean an scéal air mar seo
anuas go dtí 1864 nuair a bhí deireadh
leis an ngorta.

Cailleadh Pádraig Ó Flaithearta an
bhliain seo[90] agus thóg a mhac Séamas
a áit mar ghiúistís sna hoileáin. Ba dhuine
santach é Séamas nach raibh pioc de
dhaonnachtúlacht a athar ann agus as seo
go dtí lá a bháis bheadh easaontas idir é
féin agus muintir na háite.

Sa mbliain 1862 nuair a thosaigh an
t-aighneas idir an t-Oirmh. Kilbride agus an

chléir Chaitliceach cuireadh cosc ar aon bhia a dhíol leis na Protastúnaigh. Chun an cosc seo a shárú d'oscail Tomás Charde féin siopa i gCill Rónáin. D'éirigh go hanmhaith leis an siopa seo agus ba ghearr gur chuir sé an siopa eile a bhí san áit as gnó.[91]

Anuas go dtí 1864 dhíoltaí ceilp Árann le ceannaitheoirí as Albain,[92] ach an bhliain seo bunaíodh comhlacht próiseála ceilpe i nGaillimh, an "Irish Iodine and Marine Salts Manufacturing Company Ltd."[93] I dtosach rinne na comhlachtaí Albanacha iarracht ar an gcomhlacht nua a chur as gnó tré luach níos airde a thairiscint ar an gceilp ná mar a d'fhéadfadh an comhlacht sin a íoc.[94] Bhagair Thompson, a bhí ar dhuine de stiúrthóirí an comhlachta nua, go ndíshealbhófaí aon duine as Árainn a dhíolfadh ceilp leis na hAlbanaigh.[95] As seo amach bheadh monaplacht ag an gcomhlacht Gaillimheach ar cheilp na n-oileán. Ní amháin go dtugtaí luach níos ísle ar an gceilp ná mar a bhí le fáil uirthi i gConnamara ach mhéáití í de réir 30 cdm nó 40 cdm an tonna.[96] (Tonna ceilpe = 22½ cdm.) Ní íoctaí a gcuid airgid láithreach leis na daoine ach oiread agus bhíodh orthu earraí a thógáil ar cairde i siopa Thomáis Charde ar luach níos airde ná mar a d'fhéadfaidís iad a cheannach i nGaillimh.[97] Ní raibh cead ag aon bhád ach oiread an cheilp a iompar chun na Gaillimhe ach bád Shéamais Uí Fhlaithearta.[98]

Timpeall an ama seo d'ordaigh Thompson an príomhbhóthar tríd an oileán a leathnú agus a dheisiú. Bhí ar gach tionónta caoi a chur air in aisce ach amháin an Flaitheartach. Chun an méid talún a chaill seisean de bharr leathnú an bhóthair a chúiteamh leis leagadh scilling an teach ar gach ceann de thithe an oileáin.[99] Bhí muintir na n-oileán i ngreim ag siondacait.

Ar an 28ú lá de Mheán Fómhair na bliana 1867 foilsíodh litir a chuir an Dr. Storey, an dochtúir leighis áitiúil, go dtí na nuachtáin ag clamhsán faoin gcaimiléireacht i meáchan na ceilpe. An bhliain

chéanna d'imigh baintreach óg as Cill Éinne go Meiriceá agus d'fhág sí a ceathrar clainne, Protastúnach agus triúr Caitliceach, i gcúram a muintire agus a beirt dearthár. Go gairid ina dhiaidh seo cailleadh an t-athair agus bhí sé ag dul crua ar an máthair agus na deartháireacha an ceathrar páiste a bheathú. D'iarr siad ar an sagart paróiste, an t-Oirmh. Corbett, iad a thógáil uathu agus iad a chur i ndílleachtlann. Nuair a dhiúltaigh seisean iad chuaigh siad go dtí an t-Oirmh. Kilbride. Thóg seisean na páistí uathu agus thug Tomás Charde leis iad go dtí dílleachtlann Protastúnach i mBaile Átha Cliath ar a dtugtaí "Nead na nÉan".[100]

I Meán Fómhair na bliana 1868 d'oscail Charde teach báicéireachta i gCill Rónáin. Dhá mhí ina dhiaidh sin bhagair an t-Oirmh. Corbett ar na daoine gan aon déileáil a bheith acu leis go dtí go dtabharfadh sé suas an ceathrar dílleachta a d'fhuadaigh sé.[101] Tugadh aird ar bhagairt

Ag dó ceilpe. Líníocht le Jack B. Yeats. ©
Le chaoinchead Ann agus Michael Yeats.

an tsagairt agus fanadh glan ar an teach báicéireachta. Bhí baol ann go gcuirfí Charde as gnó ach tháinig Thompson i gcabhair air. Chosc seisean plúr nó arán a thabhairt isteach go hÁrainn ar an mbád farantóireachta, "Arran Yacht", arbh é féin agus Séamas Ó Flaithearta a húinéirí.[102] Chuir seo fearg ar bháicéirí na Gaillimhe agus tógadh an cás suas san *Galway Vindicator*. Tógadh cás na ceilpe agus na ndílleachtaí suas chomh maith. I rith an gheimhridh troideadh na cásanna sna páipéir agus i ndeireadh mhí na Nollag foilsíodh aoir ar chás an aráin sa *Vindicator:*

THE SONG OF THE ARRANMAN

The island in beauty lay sleeping,
Far out in the waves as of yore,
But a feeling of hunger came creeping
O'er us as we sailed for the shore.
We looked for the light which they bade us
Expect in the breadshops of each,
But 'though darkness was chasing the shadows,
No gleam could be seen from the beach.

We flew into one, it was empty,
As if the gaunt famine were there.
A vanithee, haggard, unkept she
Thus muttered in tones of despair:
"A parson and justice in council
To free trade in bread put stop.
They decree that we'll ne'er get an ounce till
We deal in their own little shop."

There was a time, people of Aran,
When O Flaherty's voice would oppose,
In thunders clear as clarion,
The tyrants and tract strewing foes.
But now, o degenerate son, you
May lend the vile system a name,
While they fondle the hope that they've won you,
We'll think of your conduct with shame.

Already the soupers afflict us,
And lord it o'er Aran supreme.
And they threaten — ah me — to evict us,
For daring compete in their game.
But yet in despite of coercion,
Of soup-flavoured bread we'll have none.
On their side is cant and perversion,
But we- their vile canting will shun.

Leanadh leis an gconspóid sna páipéir i rith mhí Eanáir na bliana 1869 agus ar an dara lá de Mhí Fheabhra chuir Thompson deireadh leis an gcosc ar arán a thabhairt isteach chun na n-oileán.[103]

An bhliain chéanna tógadh na dílleachtaí amach as "Nead na nÉan". Tháinig a máthair as Meiriceá go gairid ina dhiaidh sin agus thug sí a clann amach arais léi.[104]

Lean conspóid na ceilpe ar aghaidh. Cuireadh i leith an Marine Salts Co. go raibh caimiléireacht ar siúl acu i méachan agus in íoc ar son na ceilpe. I lár mhí Lúnasa na bliana 1869 chuir James Campbell, duine de stiúrthóirí an chomhlachta, fógra san *Galway Vindicator* ag éileamh gur thug an comhlacht luach an mhargaidh ar an gceilp i gcónaí i.e. idir £3 agus £5 an tonna. Seachtain ina dhiaidh sin d'fhreagair an t-Ath. Corbett an fógra seo. D'éiligh seisean nár íoc an comhlacht luach an mhargaidh ariamh agus, arís, chuir sé caimiléireacht i meáchan na ceilpe ina leith. Trí seachtaine ina dhiaidh sin, ar an 15ú lá de Mheán Fómhair, bhí fógra eile sa bpáipéar, a bhí sínithe ag 273 déantóir ceilpe, ag séanadh ráiteas an Ath. Corbett.

Seachtain ina dhiaidh sin bhí freagra ón Ath. Corbett ar an bpáipéar arís. D'éiligh sé anois gurbh fhógra falsa é fógra na ndéantóirí ceilpe agus gur bhailigh an Flaitheartach síniúcháin ó dhaoine nach raibh fhios acu cad leis a raibh siad ag cur a n-ainmneacha. Cé gur thug sé dúshlán Thompson agus an Fhlaitheartaigh é a thabhairt chun cúirte níor tharla tada dó. Lean an mhonaplacht uirthi agus sa mbliain 1871 b'éigean do na daoine ceilp a dhíol leis an Marine Salts Co. ar £5 an tonna, cé go raibh os cionn £7 an tonna le fáil uirthi i gConnamara.[105] An bhliain ina dhiaidh sin thug Thompson cead do na daoine an cheilp a dhíol lena rogha ceannaitheóra, ach bhí orthu fós céadchodán den luach a íoc leis féin.[106] Nuair a cháin an *Galway Vindicator* an socrú seo, d'fhreagair Thompson go raibh sé féin, mar ghníomhaire na n-úinéirí, i dteideal seilbh a ghlacadh ar aon rud a chaithfeadh an fharraige suas in Árainn agus da bhrí sin go bhféadfadh sé a rogha ruda a dhéanamh leis an gceilp.[107] D'fhan an scéal mar seo anuas go dtí 1877 nuair a chuaigh an "Marine Salts Co." as gnó.[108]

5   Cogadh na Talún

Ba é an greim ba mhó a bhí ag Thompson ar mhuintir Árann ná gur thionóntaí gan buaine a bhí iontu ar fad. Níor chosain fiú íoc cíosa go rialta iad ar fhógra imeachta a fháil. Nuair a bhí cás mhonaplacht na ceilpe ar siúl bagraíodh fógra imeachta ar aon duine a dhíolfadh ceilp leis na ceannaitheoirí Albanacha. Sa mbliain 1867 cháin Caomhnóirí Dhlí na mBocht Máirtín Ó hIarnáin, báille Thompson, as ucht teaghlach a dhíbhirt as Árainn agus mar dhíoltas ar an gcáineadh seo díshealbhaíodh trí theaghlach déag in Árainn ar an 16ú agus ar an 17ú lá de Mheán Fómhair cé gur ligeadh ar ais iad ar fad ach amháin dhá theaghlach.[1]

Ní in Árainn amháin a bhí na daoine faoi·chois ag na tiarnaí talún ach ar fud na tíre ar fad ar ndóigh. I gCalainn i gCo. Chill Coinnigh cuireadh cumann ar bun sa mbliain 1849 a raibh sé d'aidhm aige cearta na dtionóntaí a chosaint.[2] Níor éirigh leis an gcumann seo mórán a dhéanamh, ach oiread agus d'éirigh lena lán cumann eile nach é.

Sa mbliain 1875 thit luach tháirgí feirme sa tír de bharr coimhlinte ó tháirgí Meiriceánacha.[3] Sa mbliain 1877, mar gheall ar an drochaimsir, bhí an barr fataí faoi bhun leath bharr na bliana roimhe sin.[4] Bhí gorta agus díshealbhú ag bagairt.

Ar an 21ú lá de Mheitheamh na bliana céanna caitheadh Pádraig Ganly agus a mháthair amach as a ngabháltas sa Mainistir, ach ligeadh ar ais arís iad ar leath na feirme.[5] Thóg an t-Oirmh. Kilbride an leath eile. Ceithre mhí ina dhiaidh sin caitheadh cloch tríd an bhfuinneog aige.[6] Ní bhfuarthas amach cé a chaith an chloch cé go raibh amhras gurbh é Pádraig Ganly a rinne é. Mhéadaigh ar an amhras i ndeireadh mhí na Samhna nuair a bhagair Ganly gunna ar fhear oibre le Kilbride a bhí ag obair ar an leath coiscthe den fheirm, agus d'ordaigh dó fanacht amach óna chuid talún.[7] Is dóigh go raibh bá na ndaoine le Ganly ag an am, mar bhí faitíos ar an bhfear oibre dlí a chur air.[8] Mar sin féin lean na póilíní suas an scéal. Fuair siad barántas agus ar an 5ú lá d'Eanáir na bliana 1878 chuartaigh siad teach Ghanly. Níor tháinig siad ar aon ghunna ann.[9] Ar an 16ú lá d'Aibreán scaoileadh urchar trí fhuinneog an Oirmh. Kilbride. Níor chuala Kilbride féin ná dhá phóilín a bhí ag faire an tí aon urchar ach torann gloine ag briseadh.[10] Mar sin féin fuair na póilíní barántas eile le tithe daoine a bhí faoi amhras a chuardach. Ba iad na daoine seo ná: Pádraig ó Coisteabhla, Caitríona Ní Ghoill agus Antoine Ó Flaithearta.[11] Fuarthas gunna i dteach Antoine Uí Fhlaithearta — le ceadúnas.[12] Leanadh leis an gcuardach, áfach, agus faoi lár an Mheithimh bhí beirthe ar bheirt san oileán le gunnaí gan cheadúnas.[13]

Faoin am seo bhí an leath feirme a thóg

sé tugtha suas ag an Oirmh. Kilbride do Risteárd Charde, mac Thomáis Charde. Ar an 26ú lá de mhí na Samhna briseadh fuinneog shiopa Thomáis.[14] Ar an 9ú lá de mhí Feabhra na bliana 1879 labhair an sagart paróiste, an t-Ath. Ó Conacheanainn, in aghaidh Risteárd Charde ón altóir agus bhagair sé a mhallacht ar aon duine a rachadh isteach i siopa a athar go dtí go dtabharfadh sé suas an fheirm a bhí tógtha aige.[15] Tugadh aird ar ráiteas an tsagairt agus chaill muintir Charde an chuid ba mhó dá gcuid custaiméirí. An mhí ina dhiaidh sin b'éigean do Thompson fógra a chur amach ag iarraidh ar na daoine gan aon aird a thabhairt ar an sagart agus ag bagairt orthu, dá scriosfaí gnó Charde, nach dtabharfadh sé cead d'aon duine eile siopa a oscailt ina áit. Bhagair sé chomh maith, dá leanfaí leis an achrann faoin bhfeirm, go gcaithfeadh sé muintir Ghanly amach as an leath a bhí fágtha acu.[16]

Chomh maith leis an bhfógra seo a chur amach rinne Thompson iarracht ar an dlí a chur ar an Ath. Ó Conacheanainn, á rá go raibh sé ag spreagadh na ndaoine chun scliúchais ach, ó ba bhagairt spioradálta amháin a rinne an sagart, níorbh fhéidir aon chúis a chur air.[17] Arís bhí Thompson ag bagairt go n-úsáidfeadh sé an chumhacht iomlán a bhí aige ar na daoine, ach an t-am seo bheadh eagraíocht láidir náisiúnta i gcomhair an chatha aige.

Ba bhliain fhuar fhliuch í 1878. Chlis na fataí don dara huair agus mhéadaigh ar chruatan agus ar mhíshásamh na ndaoine. Ní raibh ag teastáil anois ach treoraí chun an míshásamh seo a mhúnlú i gcomhcheangal náisiúnta. Bhí treoraí ar an láthair — Mícheál Mac Dáibhéid. Rugadh é i Sráid i gCo. Mhuigheo sa mbliain 1846. Díshealbhaíodh a mhuintir nuair a bhí sé sé bliana d'aois agus b'éigean dóibh imeacht go Sasana. Le linn do Mhícheál a bheith ag obair i monarcha i Lancashire chaill sé a lámh i dtimpiste. Sa mbliain 1870 cuireadh i bpríosún é mar gheall ar é a bheith ina bhall de na Fíníní ach

scaoileadh saor arís é sa mbliain 1877.[18] Ar an 20ú lá d'Aibreán na bliana 1879 labhair sé ag cruinniú a tionóladh ar an mBaile Gaelach i gCo. Mhuigheo chun agóid a dhéanamh in aghaidh an Chanónaigh de Búrca, sagart paróiste na háite agus gníomhaire an tiarna talún.[19] Leath na cruinnithe agóide seo ar fud Chontaetha Mhuigheo, Roscomáin agus na Gaillimhe. Ar an 8ú lá de Mheitheamh, i gCathair na Mart, chuala ocht míle duine treoraí eile, Séarlas Stíobhard Parnell, á rá: "caithfidh sibh a thaispeáint dóibh (.i. na tiarnaí talún) gur mian libh greim daingean a choinneáil ar bhur dtithe agus ar bhur dtailte".[20] Lean an agóid ar aghaidh agus ar an 16ú lá de mhí Lúnasa bhunaigh an Dáibhéideach Conradh Talún Mhuigheo i gCaisleán an Bharraigh.[21]

Ba í 1879 an bhliain b'fhuaire agus ba fhliuche ó tosaíodh ag coinneáil cuntais; chlis na fataí arís agus bhí Gorta Mór eile ag bagairt.[22] De bharr a gcruacháis d'iompaigh go leor daoine ar cheist na talún. Ar an 21ú lá de Mheán Fómhair bhailigh fiche míle duine i dTiobrad Árann chun éisteacht le Parnell. Coicís ina dhiaidh sin bhailigh tríocha míle duine i gCorcaigh chun éisteacht leis. Ar an 21ú lá de Dheireadh Fómhair bunaíodh eagraíocht náisiúnta i mBaile Átha Cliath — Conradh na Talún.[23] Ba iad aidhmeanna an Chonartha ná ainchíosa a ísliú, cosaint a thabhairt d'aon tionónta a dhiúltódh a leithéid seo de chíos a íoc agus sa deireadh úinéirí ar a gcuid talún a dhéanamh de na tionóntaí.

Idir an dá linn lean an agóid uirthi in Árainn. Ar an 12ú lá d'Aibreán fuarthas nimh i ndabhach uisce beithíoch le Risteárd Charde. Ní raibh fhios ag na póilíní cé a rinne é ach, an t-am seo, bhí siad cinnte nárbh é Pádraig Ganly a rinne é mar go raibh seisean i bpríosún de bharr gur ionsaigh sé fear oibre le Charde tamall roimhe sin.[24] Ar an 8ú lá de Mheitheamh, le linn sheisiún cúirte a bheith ar siúl i gCill Rónáin, léigh an giúistís Hill fógra a eisíodh

NOTICE.

It is now little more than a year since I was obliged to take notice of the conduct of the Priests, who were then denouncing, excommunicating, and threatening pains and penalties upon the heads of those who dealt with Mr. Charde.

I regret to hear that these intolerant proceedings have been resumed.

I now again warn the people not to allow themselves to be terrified like little children by empty threats, but to exercise their common sense, and refuse to be led into a course of conduct so utterly inconsistent with justice and right, and which they must condemn in their own consciences.

However, it is my duty to see that every man in the Island is fairly treated, and I will protect Mr. Charde, who is now sought to be made a victim of, to the utmost of my power.

I would ask the people how they can expect indulgence and generous treatment from me when they are ready to act in this intolerant manner to others.

Surely the people of Aran, who are as intelligent as any people in Ireland, ought to reflect that those who teach hatred and practise persecution cannot be the consistent followers of Him who taught love and good will to all men.

THOS. H. THOMPSON.

27th May, 1880.

An dara fógra a chuir Thompson amach. (Oifig na Státpháipéar. Caisleán Bhaile Átha Cliath) i gCaisleán Bhaile Átha Cliath á bhagairt dá ndéanfaí a thuilleadh cur isteach ar Charde ná ar an Oirmh. Kilbride go gcuirfí fórsa breise póilíní chun na n-oileán agus go mbaileófaí costas an fhórsa seo sna hoileáin féin.[25]

Tháinig cás an bhóthair chun tosaigh arís. D'ordaigh Beartla ó hIarnáin, báille Thompson, do mhuintir na mbailte a raibh an bóthar ag dul tríothu cré a chur air in aisce. Faoi Shamhain cuireadh fógra suas ar dhoras theach na cúirte ag bagairt pionóis ar aon duine a chuirfeadh aon chré air. Ar an 30ú lá den mhí chéanna mhol an t-Ath. Ó Concheanainn do na daoine gan caoi a chur air mara n-íocfaí iad.[26] Níor chuir aon duine cré air ach amháin Charde agus Ó hIarnáin. Bhí an bóthar anois ina chúis achrainn chomh mór le feirm Ghanly agus nuair a fuarthas dhá ghamhain bliana le Charde básaithe ar thalamh Ghanly ar an 22ú lá de mhí na Nollag ní raibh fhios ag na póilíní arbh í an fheirm nó an bóthar ba chúis leis.[27]

Timpeall an ama seo bhí séiplíneach nua, an t-Ath. Dáithí Ó Fathaigh, tar éis teacht go hÁrainn agus dealraíonn sé gurbh eisean a bhunaigh an chraobh áitiúil de Chonradh na Talún. Ar aon chaoi, ba é a bhí ina chisteoir ar an gcraobh go dtí gur aistríodh as an áit é.[28] Ba thimpeall an ama seo freisin a tosaíodh ar fheillbhearta a dhéanamh ar ghraibeálaithe talún as an áit féin agus ba iad Seán Ó Direáin as Gort na gCapall agus Beartla Ó hIarnáin as Cill Éinne, an báille, na daoine ba mhó a ndearnadh orthu iad. I Meán Fómhair na bliana sin cheannaigh an Direánach feirm ó Bheartla Ó Fatharta as an mbaile céanna arbh as dó féin ar £30. B'éigean don Fhathartach an fheirm seo a dhíol mar go raibh fiacha cíosa air.[29] Ar an 20ú lá de mhí na Nollag leagadh claíocha ar an Direánach.[30]

Faoi seo bhí an droch-fhómhar ag cur isteach ar na daoine in Árainn agus ar fud na tíre. Ní raibh bia ná móin ag an gcuid ba mhó acu agus ní dhearna an rialtas faic d'fhonn teacht i gcabhair orthu. Coinníodh an gorta a bhí ag bagairt ar gcúl, áfach, de bharr na sároibre a rinne daoine príobháideacha. Ina measc seo bhí Bandiúc Mharlborough, bean an Tiarna Leifteanant. I lár mhí na Nollag chuir sí litir chuig an *Times* ag cur cruachás na ndaoine os comhar an phobail agus ag iarraidh cabhrach. Fuair sí freagra fial ó phobal Shasana agus ar feadh tamaill bhí sí ag fáil £2,000 in aghaidh na seachtaine ó Ardmhéara Londain. Úsáideadh an t-airgead ar fad chun bia, éadaigh agus síolta a chur ar fáil.[31] Ar an 16ú lá de mhí na Nollag tháinig sreangscéal ón Astráil chuig Ardmhéara Bhaile Átha Cliath á fhiafraí cé chuige a chuirfí airgead d'fhonn fóirithint ar na daoine. De bharr an tsreangscéil seo cuireadh Coiste Fóirithinte Theach an Ardmhéara ar bun agus arís tháinig airgead isteach ó gach aird den domhan chomh maith le £95,000 ón Astráil.[32] Ar an 30ú lá d'Aibreán na bliana 1880 tháinig an frigéad Meiriceánach "Constellation" go cuan Queenstown agus cúig chéad tonna de bhia agus d'éadach ar bord aici. Aistríodh an last seo go dtí longa cogaidh agus tugadh go Gaillimh é le dáileadh ar mhuintir na gcóstaí agus na n-oileán. Ba de thoradh ar obair choiste fóirithinte a chuir an *New York Herald* ar bun a tháinig an chabhair seo as Meiriceá.[33]

I ndeireadh mhí Eanáir chuir an t-Ath. Ó Concheanainn agus an t-Ath. Ó Fathaigh litreacha ag iarraidh cabhrach do mhuintir Árann go dtí na coistí ar fad[34] agus i dtús an Aibreáin dáileadh éadaí agus bia sna hoileáin. Bhí Diúc Dhún Éidean i bhfeighil an dáilte seo.[35] Bhí fómhar maith ann sa mbliain 1880 agus bhí an gorta thart.

In ainneoin an ghorta i dtús na bliana lean Conradh na Talún air sna hoileáin. Ní mórán daoine a chuaigh isteach ann i dtosach agus i lár mhí Iúil ní raibh ach céad ball ann.[36] Faoi dheireadh mhí Mheán Fómhair, áfach, bhí dúbailt dulta ar an líon seo,[37] agus faoi dheireadh na bliana ní raibh ach dhá scór duine in Árainn Mhór nach raibh cláraithe ina mbaill.[38] Ghlac an Conradh ceannas go luath ar imeachtaí na n-oileán agus dhírigh a chumhacht in aghaidh na ngraibheálaithe talún, agus go háirithe in aghaidh mhuintir Charde. Ba iad baill an Chonartha a bhí i bhfeighil an choiste fóirithinte a bhí curtha ar bun ó thús na bliana. Ní thugtaí aon ordú fóirithinte do shiopa Thomáis Charde[39] ná ní thugtaí aon fhóirithint do na daoine a bhíodh ag obair dó féin ná don Oirmh. Kilbride.[40]

Ar an 6ú lá d'Aibreán cúlaíodh láir le Risteárd Charde thar aill sa Mainistir agus maraíodh í.[41] Timpeall an ama seo freisin tháinig folúntas do phost cléireach cúirte suas agus chuaigh ráfla thart gurbh é Risteárd a bhí le ceapadh. Chuir baill an Chonartha litir chuig an bPríomh-Rúnaí ag cur ina aghaidh agus ag moladh duine áitiúil.[42] Níor tugadh aon aird ar a n-iarratas, áfach, agus fuair Risteárd an post. I dtús na Bealtaine osclaíodh teach nua báicéireachta chun dul i gcoimhlint le teach báicéireachta mhuintir Charde.[43] Bhí a ngnó ar fad beagnach scriosta anois agus b'éigean do Thompson fógra eile a chur amach cosúil leis an bhfógra a chuir sé amach os cionn bliana roimhe sin.[44] Níor tugadh aon aird ar an bhfógra seo ach oiread. Bhí cor in aghaidh an chaim á thabhairt do Thompson sa deireadh.

Ar an gcéad lá de Mheitheamh chuaigh láir le Tomás Ó Direáin ar iarraidh. Ceapadh gur cúlaíodh le haill í gar do Dhún Oengusa mar go raibh lorg chrúba capaill le feiceáil ar na clocha gar don áit. B'athair céile le Seán Ó Direáin é Tomás agus ba í feirm Uí Fhatharta ba chúis leis an gcapall dul ar iarraidh agus b'as an bhfeirm féin a tugadh í.[45] Trí lá ina dhiaidh sin caitheadh ocht gcaora agus naoi n-uan le Charde thar aill.[46]

Bhí staid Árann agus na tíre go ginearálta ag cur isteach ar an rialtas anois agus beartaíodh, dá bhrí sin, ar fhórsa breise póilíní a chur chun na n-oileán. Ós rud é go raibh beairic póilíní cheana féin i gCill Rónáin bheartaigh an rialtas beairic nua a oscailt i gCill Mhuirbhí, mar gur sa limistéar idir an dá bhaile seo ba láidre a bhí Conradh na Talún agus ba líonmhaire a bhí na coireanna.[47] Chuir Séamas Ó Flaithearta teach ar fáil (an teach céanna ina raibh an scoil Phrotastúnach roimhe sin) agus tosaíodh láithreach ar é a chur i bhfearas.[48]

Ar an 13ú lá de Mheitheamh bhí léirsiú ag lucht an Chonartha. Bhailigh slua mór ag séipéal Eochla agus tar éis an Aifrinn labhair an t-Ath. Ó Concheanainn leo. Mhol sé do na graibheálaithe talún aon talamh a bhí tógtha acu a thabhairt suas agus go mbeadh síocháin san áit. Ansin mháirseáil an slua go Cill Rónáin agus nuair a tháinig an t-Ath. Ó Fathaigh anoir óna hoileáin eile labhair seisean leo chomh maith. Ina dhiaidh sin scaip siad go síochánta.[49]

Bhí post oifigeach fóirithinte folamh ag an am seo agus chuir Beartla Ó hIarnáin, an báille, isteach air. Theastaigh ón bhFlaitheartach agus ó Thompson sínithe a bhailiú ar mhaithe le Ó hIarnáin, ach ar an 26ú lá de mhí Iúil cuireadh fógra suas ar dhoras theach na cúirte ag bagairt ar aon duine a shíneodh an t-iarratas.[50] Mí ina dhiaidh sin cuireadh fógra eile suas ag bagairt ar Sheán de Búrca, báille eile, éirí as oifig. Timpeall an ama seo cuireadh isteach ar eagraíocht an Chonartha mar gur aistríodh an t-Ath. Ó Fathaigh, an cisteoir agus an príomheagraí, as Árainn.[51] Ar an 11ú lá de mhí Lúnasa tháinig seisear póilín breise chun na háite agus chuir siad fúthu sa teach nua i gCill Mhuirbhí.[52]

Níor chosc seo na feillbhearta, áfach, mar an lá i ndiaidh theacht na bpóilíní breise dódh adhmad le Beartla Ó hIarnáin gar do Chill Chórna.[53] I lár Mheán an Fhómhair thionóil an t-Ath. Ó Concheanainn agus an t-Ath. Dónall Mac Lochlainn, an séiplíneach nua, cruinniú os comhair theach na cúirte i gCill Rónáin ag iarraidh ar Thompson an cíos a laghdú mar go raibh luach íseal ar iasc, ar cheilp agus ar mhuca le cúpla bliain. Nuair a dhiúltaigh sé é seo a dhéanamh chuir siad caimiléireacht ina leith agus bhagair siad go raibh siad chun an scéal a chur in iúl d'úinéirí na n-oileán. I measc na ndaoine a bhí i láthair an lá seo bhí Heinrich Zimmer, an t-ollamh as Ollscoil Bherlin a raibh i ndán dó tráchtas a scríobh ar bheatha Naomh Éanna ocht mbliana ina dhiaidh sin. Labhair sé leis an slua agus mhol sé dóibh seasamh le chéile chun a gcearta agus a gcuid talún a chosaint.[54]

Ar an 20ú lá de Mheán Fómhair goideadh leabhair an chíosa as teach na cúirte[55] agus cuireadh i leith Thompson gurbh eisean a ghoid iad ionas nach mbeadh aon chruthú le fáil ina aghaidh ar chúiseamh na caimiléireachta.[56]

In Inis i gCo. an Chláir, ar an 19ú lá de Mheán Fómhair, mhol Parnell plean nua chun déileáil le graibeálaithe talún: "Má thógann duine feirm, as ar caitheadh duine eile amach, caithfidh sibh a thaispeáint dó ar an mbóthar nuair a chasfar díbh é, caithfidh sibh a thaispeáint dó i sráideanna an bhaile mhóir, caithfidh sibh a thaispeáint dó ag cuntar an tsiopa, caithfidh sibh a thaispeáint dó ar an aonach agus ar an margadh agus fiú i dteach an phobail féin, trí gan ligean oraibh féin go bhfuil sé ann, trína scaradh amach óna chineál amhal lobhar fadó, caithfidh sibh a thaispeáint dó an deargghráin atá agaibh ar an gcoir a rinne sé". Trí lá ina dhiaidh sin cuireadh an plean seo i bhfeidhm in aghaidh an Chaptaen Boycott i gCo. Mhuigheo agus d'éirigh chomh maith sin leis gur tugadh baghcat (boycott) air as sin amach.[57]

Ar an 13ú lá de Dheireadh Fómhair dódh teach Thomáis Uí Chonghaile i gCill Éinne mar go n-úsáidtí é mar theach cúirte.[58] Ag an am céanna úsáideadh an baghcat in aghaidh na ngraibeálaithe talún. Ní labhartaí leo, ní dhíoltaí leo ná ní cheannaítí uathu ná ní iompraíodh aon bhád a gcuid earraí.[59] I ndeireadh na míosa bhí cás i gcúirt na Gaillimhe a léirigh chomh maith is a d'éirigh leis an bplean. Bhí iarratas i gcomhair cheadúnas tábhairneora istigh ó Sheán Ó Briain as Cill Rónáin. Chuir na sagairt ina aghaidh mar go raibh an iomarca tithe tábhairne san áit cheana féin. Chuidigh an Flaitheartach, Kilbride agus Thompson leis, áfach, mar nach raibh na póilíní ná iad seo nach raibh i gConradh na Talún in ann deoch a fháil in aon teach tábhairne eile. Fuair an Brianach an ceadúnas.[60] Timpeall an ama chéanna briseadh bád le Pádraig Ó Maoláin agus i ndeireadh mhí na Samhna briseadh bád leis an Oirmh. Kilbride.[61] D'fhan cúrsaí socair ar feadh mhí na Nollag, ach ar 7ú lá d'Eanáir na bliana 1881 tharla an choir ba chrualaí agus b'fhíochmhaire dár tharla go dtí sin. An oíche sin cruinníodh le chéile tríocha beithíoch leis an bhFlaitheartach, budóg le Séamas de Búrca agus bó le Pádraig Mac Donnchadha agus tiomáineadh thar aill iad siar ó Dhún Oengusa.[62]

Ar an 24ú lá d'Eanáir rith an Rialtas Acht an Chomhéigin,[63] faoina bhféadfaí duine a ghabháil agus a choinneáil i bpríosún ach é a bheith faoi amhras. Ar an 31ú lá d'Eanáir thug an long chogaidh "Merlin" cuairt ar na hoileáin chun staid na háite a iniúchadh ach d'fhéach an áit ciúin.[64] Ar an 9ú lá d'Fheabhra thug an "Bruiser" cuairt ar an áit ach bhí sé ciúin fós.[65] Ar an 10ú lá d'Aibreán, áfach, goideadh cábla as bád an Oirmh. Kilbride[66] agus ar an 21ú lá den mhí chéanna fuarthas bullán le Seán Ó Direáin básaithe sa mbuaile: a chosa briste agus a shúile gearrtha amach.[67] Seachtain ina dhiaidh sin caitheadh trí chaora agus ceithre uan le Charde i bhfarraige sa Mainistir. Ba ar fheirm Ghanly a bhí siad.[68] Bhí Acht an Chomhéigin á chur i bhfeidhm ag an am seo agus daoine á gcur i bpríosún a bhí faoi amhras ag na póilíní. Ar an 27ú lá de mhí na Bealtaine gabhadh Tomás Ganly, rúnaí chraobh Árann de Chonradh na Talún, agus Mícheál Ó Flaitheartha. Tugadh go Gaillimh iad ar bord an "Valorous" agus cuireadh i bpríosún iad ar amhras go raibh siad páirteach i gcur na mbeithíoch thar aill i dtús na bliana.[69] I lár an Mheithimh scaoileadh urchar leis an mbáille Beartla Ó hIarnáin agus é ar a bhealach soir as Cill Mhuirbhí. An tráthnóna céanna gabhadh Seosamh Ó Flaithearta as Gort na gCapall ar chúiseamh gurbh é a scaoil an t-urchar. Ba í an chúis a bhí leis an scaoileadh ná go raibh fiacha cíosa ar athair Sheosaimh agus, ó goideadh leabhair an chíosa an bhliain roimhe sin, ba é Ó hIarnáin an t-aon duine a raibh a fhios aige cé a bhí i bhfiacha. Ag an am bhí Séamas Ó Flaithearta tinn in ospidéal na Gaillimhe agus ní thiocfadh an giúistís Reade go hÁrainn mar go raibh an áit ró-chorraithe[70] ó gabhadh Ganly agus Ó Flaithearta coicís roimhe sin. Tugadh Seosamh go Gaillimh dá bhrí sin áit ar cúisíodh é agus ar gearradh tamall gearr príosúnachta air.[71]

Ar an 12ú lá de mhí Lúnasa rith an rialtas Acht Talún 1881 — Acht an Chíosa Chothrom.[72] De réir an Achta seo d'fhéadfadh tionónta a ghabháltas a dhíol, ní fhéadfaí é a dhíshealbhú fad is a d'íocfadh sé cíos cóir agus, an rud ba thábhachtaí cuireadh coimisiún ar bun — Coimisiún na Talún — chun cíos cothrom a shocrú do na tionóntaí. Chuir an t-Acht seo, chomh maith, airgead ar fáil do na tionóntaí chun a gcuid talún a cheannach, ach chaithfeadh an tionónta féin 25% den chostas ceannaigh a chur ar fáil. I lár Mheán an Fhómhair tionóladh Comhdháil Náisiúnta de Chonradh na Talún i mBaile Átha Cliath chun an t-Acht a phlé.[73]

Idir an dá linn lean na coireanna leo. Ar an 31ú lá de mhí Lúnasa goideadh caora ó Bheartla ó hIarnáin agus an lá ina dhiaidh sin goideadh trí chaora eile ón Oirmh. Kilbride.[74] Ar an 22ú lá de Dheireadh Fómhair chuaigh capall le Seán Ó Direáin ar iarraidh, capall eile le Mícheál Ó Conghaile agus láir agus dhá chaora le Beartla ó hIarnáin.[75] I dtús Mheán an Fhómhair tairgeadh a saoirse do Thomás Ganly agus do Mhícheál Ó Flaithearta ar choinníoll nach mbeadh aon phlé a

thuilleadh acu le Conradh na Talún, ach dhiúltaigh siad don tairiscint seo.[76] I ndeireadh na míosa, áfach, scaoileadh saor iad gan choinníoll.[77]

Ar an 13ú lá de Mheán Fómhair gabhadh Parnell faoi Acht an Chomhéigin agus cuireadh i bpríosún é i gCill Mhaighneann. Go luath ina dhiaidh sin gabhadh roinnt eile de na ceannairí agus ar an 15ú lá de Mheán Fómhair d'eisigh an Conradh forógra gan a thuilleadh cíosa a íoc.[78] Chuaigh an forógra seo ró-fhada agus chaill an Conradh bá na cléire Caitlicí.[79] Ar an 20ú lá de Dheireadh Fómhair fógraíodh Conradh na Talún ina eagraíocht neamhdhleathach.[80] An lá céanna tionóladh an chéad seisiún de Chúirt na Talún i mBaile Átha Cliath.[81] Thosaigh daoine ag tréigean an Chonartha agus ag baint trialach as Acht na Talún. Cúpla lá tar éis don chúirt oscailt bhí níos mó iarratais istigh ná mar a d'fhéadfaí a phlé.

Ar an 24ú lá de Dheireadh Fómhair fuair Séamas Ó Flaithearta bás san ospidéal i nGaillimh.[82] Is dóigh gur chuir a bhás imní orthu siúd a bhí taobh amuigh den Chonradh, mar seachtain ina dhiaidh sin chuir siad litir chuig an Tiarna Cowper ag iarraidh air iad a chosaint ó lucht an Chonartha.[83] An lá céanna ar scríobhadh an litir seo goideadh caora ó Bheartla ó hIarnáin agus caora eile ó Labhrás ó Direáin as Eochaill.[84] Ar an 10ú lá d'Eanáir na bliana 1882 fuarthas lao le Charde agus é sáite sa mbolg. Chuaigh dhá uan bliana leis ar iarraidh chomh maith.[85]

Ba thimpeall an ama seo a fuair na póilíní amach go raibh spiadóirí an-éifeachtacha ag lucht an Chonartha in Árainn — Muintir Uí Iarnáin, a bhí i bhfeighil theach an phosta. De réir cosúlachta ní raibh aon amhras orthu go dtí lár mhí Eanáir 1882 nuair a d'oscail siad litir a tháinig chuig Risteárd Charde mar gheall ar chúis cúirte. Tugadh an litir dó ina dhiaidh sin gan chlúdach agus dúradh leis gur osclaíodh í de thimpiste. Níor cuireadh an dlí ar mhuintir Uí

Iarnáin, mar go raibh faitíos ar na póilíní go n-imreofaí díoltas ar mhuintir Charde dá gcuirfí.[86] Bhí faitíos roimh chumhacht an Chonartha fós.

Ar an 20ú lá d'Aibreán tharla an chéad choir in Inis Oírr. D'éirigh argóint idir Mícheál Ó Conghaile agus Mícheál Ó Gríofa, mar gur bhall den Chonradh é an Conghaileach agus nárbh ea an Gríofach. Caitheadh an Conghaileach isteach i scailp agus gortaíodh go dona é. Chuaigh an Gríofach ar a theitheadh.[87] An oíche chéanna dódh curacha le daoine nach raibh sa gConradh. Deich lá roimhe sin scaoileadh

Parnell agus Séamus Ó Diolún saor as Cill Mhaighneann agus ba mar cheiliúradh ar an ócáid seo a dódh na curacha.[88] Níos déanaí sa mbliain gearradh gort seagail a chuir Risteárd Charde ar fheirm Ghanly agus aistríodh an seagal go dtí an leath a bhí fós i seilbh Ghanly.[89]

Ba é seo an feillbheart deireanach a tharla in Árainn le linn Chogadh na Talún. Ina dhiaidh sin chiúnaigh an áit síos agus laghdaíodh ar an bhfórsa póilíní ann go dtí gur dúnadh an bheairic bhreise i gCill Mhuirbhí ar an 16ú lá de Mheán Fómhair na bliana 1887.[90]

Citie of the tribes, (Leabharlann Náisiúnta na h-Éireann)

6   Dul ar Aghaidh

6   Dul ar Aghaidh

Sa mbliain 1881, le linn do Chonradh na Talún a bheith i mbuaic a réime, chuir an t-Ath. Ó Donnchadha, an sagart paróiste nua a bhí tagtha go hÁrainn in áit an Ath. Uí Choncheanainn, iarratas isteach chuig an rialtas chun seirbhís galtáin a chur ar fáil idir Gaillimh agus Árainn.[1] Bhí an Príomh-Rúnaí agus an Maor Wilson Lynch, ball de choiste an Galway Bay Steamboat Co., báúil leis an iarratas,[2] ach dhiúltaigh an Príomh-Mháistir Poist fóirdheontas £500 sa mbliain a chur ar fáil don tseirbhís agus mar sin chuaigh an feachtas in éag.[3] (Sa mbliain 1863 thosaigh seirbhís pléisiúrtha idir Gaillimh agus na hoileáin sa ngaltán "Pilot" agus ón mbliain 1873 in leith bhíodh an galtán "Citie of the Tribes" ag déanamh an turais).

Bhí an oiread sin iarratas curtha isteach chuig Coimisiún na Talún ó cuireadh ar bun é nach raibh na coimisinéirí in ann cás mhuintir Árann a phlé go dtí 1884. Ar achainí an Ath. Uí Dhonnchadha shuigh an Chúirt Talún i gCill Rónáin i mBealtaine na bliana sin.[4] Bhí iarratais istigh ó dheich dtionónta agus trí fichid as na trí oileán agus tugadh, ar an meán, laghdú 17.5% dóibh ina gcuid cíosa.[5] I mí Iúil na bliana 1884 tionóladh seisiún eile sna hoileáin agus, an turas seo, tugadh laghdú 36.4% ina gcuid cíosa do chéad agus seacht dtionónta.[6] I Samhain na bliana céanna fuair dhá thionónta dhéag laghdú 27%

agus in Iúil na bliana 1886 tugadh laghdú 40% do leathchéad tionónta.[8] Ina measc seo bhí Pádraig Johnston a bhí pósta le Mairéad, iníon Shéamais Uí Fhlaithearta. Laghdaíodh a chíos-san ar Cheathrú an Chnoic i gCill Éinne ó chéad punt sa mbliain go dtí cúig phunt agus trí fichid.[9]

Sa mbliain 1884 chlis na fataí agus bhí gorta ag bagairt ar na hoileáin arís. D'iarr an t-Ath. Ó Donnchadha ar an rialtas cabhair a chur ar fáil ach tugadh cluais bhodhar dó. B'éigean dó, dá bhrí sin, cruachás na n-oileán a chur os comhair an phobail sa *Freeman's Journal* agus ar an mbealach seo fuair sé an oiread airgid agus ba leor chun na daoine a thabhairt slán ón ngorta.[10] An bhliain dár gcionn chlis na fataí arís agus b'éigean dó na hoileáin a chur faoi choimirce an phobail athuair. Arís fuair sé freagra fial, ní amháin ó phobal na hÉireann, ach ó phobal na Breataine chomh maith. Tháinig liúntais airgid ó dhaoine mar Ardeaspag Thuama, an Tiarna Caernarvon agus George Shee, dlíodóir as Ipswich Shasana, a d'áitigh é féin ar phobal na tíre sin cabhair a chur chun an Ath. Uí Dhonnchadha.[11] Lean an gorta go dtí deireadh na bliana 1887 agus ba iad liúntais an phobail a thug na daoine tríd. Níor thug an rialtas de chabhair dóibh ach rátaí na mbocht a ísliú orthu.[12]

Lean saol polaitiúil na n-oileán ar aghaidh. Sa mbliain 1886 cuireadh craobh den Irish National League ar bun san áit.[13] Ba í príomh-aidhm an League ná tacaíocht a chur ar fáil d'iarrthóirí pháirtí Home Rule agus airgead a bhailiú don pháirtí céanna.[14] Ba é an tionchar ba mhó a bhí ag an League ar Árainn ná gur chothaigh sé dlúthpháirtíocht i measc na ndaoine, mar a léirigh cás bhailiú na cíoschánach an bhliain dár gcionn. Shocraíodh coiste ochtar an League conspóidí i measc na mball gan dul chun dlí. Bhí monaplacht acu chomh maith ar vótaí na háite agus, an bhliain chéanna ar bunaíodh é, ba bhall den League a toghadh mar chaomhnóir Dhlí na mBocht, cé go raibh Beartla Ó hIarnáin istigh ar an bpost chomh maith.[15]

In ainneoin an ghorta a bheith san áit theastaigh ó Ardchoiste Cho. na Gaillimhe cíoscháin na n-oileán a bhailiú. Níor bailíodh é ón mbliain 1882 agus bhí £1,952 gan íoc. Bhí an tsuim seo déanta suas mar leanas: £452 a cúitíodh leis na daoine a ndearnadh coireanna ina n-aghaidh le linn Chogadh na Talún, £622 a chosain an fórsa breise póilíní a cuireadh chun na háite sa mbliain 1881, £359 a chosain deisiúchán ar chéibh Chill Éinne an bhliain chéanna agus £519 a chosain bóithre a dheisiú.[16] Ní raibh aon bhailitheoir cíoschánach sna hoileáin ó thug Beartla Ó hIarnáin suas a phost tamall roimhe sin ach i Márta na bliana 1886 ceapadh Proinsias Ó Ceallaigh, búistéir as an Spidéal, mar bhailitheoir. Níorbh fhada, áfach, gur cuireadh in iúl dó go gcuirfeadh gach mac máthar sna hoileáin ina aghaidh dá dtiocfadh sé ag bailiú na cánach. B'éigean dó, dá bhrí sin, a iarraidh ar an rialtas fórsa cosanta a chur ar fáil dó nuair a rachadh sé go dtí na hoileáin. Bhí air chomh maith bád a fháil leis na beithígh a bhí le coigistiú aige a thabhairt chuig an mórthír. Chuir an rialtas an fórsa cosanta ar fáil dó, ach ní raibh aon úinéir idir an Spidéal agus Gaillimh a bhí sásta bád a thabhairt ar cíos dó. I dtús mhí Iúil rinne sé iarracht ar theacht i mbád an phosta, ach ní raibh úinéir an bháid sin sásta eallach coigis-

tithe a iompar. B'éigean dó, dá bhrí sin, bailiú na cíoschánach a chur siar go dtí an bhliain dár gcionn.[17]

In Aibreán na bliana 1887 bhí an Ceallach ag iarraidh fórsa cosanta ar an rialtas athuair. Go dtí seo bagraíodh air trí huaire go marófaí é dá rachadh sé go hÁrainn ag bailiú na cíoschánach, ach mar sin féin lean sé ar aghaidh leis na hullmhúcháin. D'éirigh leis bád a fháil ar cíos ó ghiolla le Sir Valentine Blake agus i dtús na Bealtaine socraíodh idir é féin agus an rialtas go dtabharfadh long chogaidh é féin agus an fórsa cosanta chun na n-oileán agus go dtarraingeodh an long chéanna an bád leis an eallach coigistithe.[18]

Ar a sé a chlog ar maidin an 26ú lá de Bhealtaine sheol an long chogaidh "Orwell" as Gaillimh le Proinsias Ó Ceallaigh agus cúig dhuine dhéag den R.I.C., faoi cheannas an tsáirsint Proinsias Ó Ficheallaigh, mar gharda cosanta leis. Ar a naoi a chlog tháinig siad i dtír in Inis Oírr agus chuir an Ceallach suas billí gan chur isteach ó aon duine, cé gur bhailigh slua glórach timpeall air. Níor cuireadh isteach air ach oiread in Inis Meáin agus, de réir cosúlachta, bhí muintir an oileáin sin sásta an chíoscháin a íoc. Bhí an tráthnóna ann nuair a shroich siad Árainn Mhór agus, dá bhrí sin, bheartaigh siad gan tosú ar bhillí a chur suas go dtí an lá arna mhárach. Cuireadh an fórsa cosanta i dtír le haghaidh na hoíche ach d'fhan an Ceallach agus an Ficheallach ar bord an "Orwell".

Ar a sé a chlog, maidin an 27ú lá, tháinig an bheirt i dtír i mbád iomartha. Fad a bhí an Ficheallach ag dul chun na beairice faoi dhéin an fhórsa cosanta tharraing an bád leis an gCeallach amach ón gcéibh mar go raibh slua glórach ag bailiú. Mar go bhfaca seisean dhá chonstábla ar an gcéibh bheartaigh sé ar theacht i dtír láithreach ach nuair a bhí sé ag teacht amach as an mbád buaileadh le cloch é. Gabhadh an fear a chaith an chloch láithreach agus nuair a tháinig an fórsa breise i láthair tugadh chun na beairice é. Ansin chuaigh an Ceallach,

An Cherub, comhlong leis an Orwell. (National Maritime Museum, London)

lena fhórsa cosanta, siar an bóthar ó Chill Rónáin ag cur suas billí agus timpeall céad duine á leanacht. Nuair a bhí dhá mhíle den bhóthar seo curtha díobh acu chas siad ar ais agus an slua á leanacht fós. Taobh amuigh den bheairic i gCill Rónáin caitheadh cloch eile leo ach arís gabhadh an té a chaith í. Chomh luath is a bhí seisean faoi ghlas lean siad orthu i dtreo Chill Éinne. Nuair a tháinig siad chomh fada leis an gCarcair Mhór, áfach, tháinig muintir an bhaile amach rompu, na mná ar dtús agus clocha acu ina lámha. Stop an Ficheallach an chearnóg póilíní, ina raibh an Ceallach ina lár, agus chuaigh sé féin chun tosaigh chun labhairt leis an slua. Fad a bhí sé ag caint leo ghabh scanradh an Ceallach, bhris sé amach óna gharda cosanta agus chrom ar rith ar ais go Cill Rónáin. Nuair a chonaic an slua ag rith é bhris siad thar an bhFicheallach agus, iad seo nach raibh in ann dul tríd an gcearnóg póilíní, léim siad thar na claíocha agus lean siad an Ceallach ag caitheamh clocha leis féin agus leis na póilíní. Tháinig na póilíní suas leis an gCeallach sa deireadh, scaoileadh urchar san aer mar chomhartha don "Orwell" na báid iomartha a chur amach agus bhagair an Ficheallach go scaoilfí leis an slua dá gcaithfí a thuilleadh cloch. Choinnigh an bhagairt seo an slua siar go dtí gur thug báid an "Orwell" an Ceallach agus a fhórsa cosanta leo. Bhí an Ceallach agus constábla amháin gortaithe sa gceann, constábla eile gortaithe sa droim agus cé gur buaileadh an chuid eile den gharda níor gortaíodh iad.[19]

Ar bord an "Orwell" freisin bhí Seán Ó Direáin, an fear a chaith an chloch leis an gCeallach an mhaidin sin.[20] Ar an 12ú lá de Mheitheamh tugadh os comhair na cúirte é agus, cé nárbh féidir a chruthú gur chaith sé cloch leis an gCeallach mar nach raibh seisean i láthair, cuireadh ina leith gur bhuail sé duine de na mairnéalaigh le fód móna an mhaidin chéanna. Ar fhianaise an mhairnéalaigh fuarthas ciontach é agus gearradh mí príosúnachta air.[21] Os comhair na cúirte céanna bhí Stiofán Ó Direáin a

chaith an chloch in aice na beairice. Gearradh dhá mhí príosúnachta airsean.[22] Ar an 7ú lá de mhí Iúil gearradh dhá mhí príosúnachta ar Pheadar Ó Flaithearta mar go raibh sé páirteach sna círéibeacha agus cuireadh triúr eile faoi bhannaí deich bpunt an duine.[23]

Ina dhiaidh seo d'éirigh an Ceallach as oifig[24] agus níor ceapadh aon duine eile ina áit. Faoin mbliain 1890 bheartaigh an t-Ardchoiste ar fhiacha na n-oileán a ghlanadh amach chomh fada agus a bheadh an rialtas sásta é sin a dhéanamh.[25] Sa mbliain 1891 d'aontaigh an rialtas leis na fiacha a ghlanadh amach cé is moite den £452 a leagadh orthu de bharr choireanna Chogadh na Talún.[26] An bhliain chéanna fógraíodh post bhailitheoir cíoschánach[27] do na hoileáin ach níor chuir aon duine isteach air.

I ndeireadh na bliana 1890 chuir an t-Ath. Ó Donnchadha iarratas isteach chun an rialtais arís chun seirbhís galtáin a chur ar fáil do na hoileáin.[28] I dtús na bliana 1891 gheall an rialtas £600 sa mbliain mar fhóirdheontas don tseirbhís[29] agus i ndeireadh mhí Feabhra bhí seirbhís idir Gaillimh agus Árainn á hoibriú ag an Galway Bay Steamboat Co. Ltd., agus an galtán "Duras" ag déanamh an turais trí huaire sa tseachtain.[30]

Sa mbliain 1885 rith an rialtas Acht Talún nua — Acht Ashbourne — agus de réir an Achta seo cuireadh £5,000,000 ar fáil do na tionóntaí lena ngabháltais a cheannach. Sa mbliain 1888 cuireadh £5,000,000 punt breise ar fáil. Ní raibh aon tionchar ag an acht seo ar oileáin Árann ná ní raibh aon trácht fós ar cheannach na n-oileán óna húinéirí. D'ath-raigh Acht Talún 1891 an scéal, áfach, mar faoin acht seo cuireadh Bord na gCeantar Cúng ar bun. Ba í príomh-aidhm an Bhoird seo ná ceantair, a raibh an dlús daonra iontu ró-ard do na ceantair le cothú, a fhorbairt. Chomh luath agus a cuireadh an Bord ar bun chuir an t-Ath. Ó Donnchadha iarratas isteach ar son mhuintir Árann go gcuirfí tionscal éigin ar bun sna hoileáin.[31] I ndeireadh na bliana rinne an Bord suirbhé ar an áit[32] agus bheartaigh gurbh é an t-iascach an tionscal b'oiriúnaí do na hoileáin. De bharr an tseirbhís nua-bhunaithe galtáin d'fhéadfaí an t-iasc úr a sheoladh go sciobtha go Gaillimh agus as sin go Baile Átha Cliath agus go dtí margaí Shasana.[33] Bhí an tseirbhís galtáin chomh tábhachtach sin don iascach gur íoc an Bord feasta fóirdheontas na seirbhíse sin.[34] Piocadh Cill Éinne mar lár-ionad an iascaigh mar gurbh ar an mbaile sin ba mhó a bhí daoine ag brath air agus mar gurbh ann ba láidre a bhí an traidisiún.[35] Ní raibh aon chabhlach púcán ar an mbaile anois, áfach, ná aon eolas ag an gcuid ba mhó de na daoine ar láimhsiú bád seoil.* Chun an fhaidhb seo a réiteach thug an Bord liúntas daichead punt an bád do bháid as an Inbhear Mór chun teacht go hÁrainn d'fhonn na daoine a thraenáil.[36]

Le linn don obair seo a bheith ar siúl ag an mBord bhí iarratas eile curtha isteach ag an Ath. Ó Donnchadha chun líne teileagraif a chur go h-Árainn Mhór.[37] Cé gur chuir Robert Thompson, cigire an chontae, ina aghaidh chuidigh Ardchoiste an chontae leis.[38] Chuidigh Bord na gCeantar Cúng leis chomh maith mar go mbeadh cumarsáid teileagrafach áisiúil don iascach.[39] I dtús mhí na Nollag thug an rialtas cead go hoifigiúil líne a chur chun an oileáin. Tosaíodh ar an obair láithreach agus ar an 15ú lá de Mhárta na bliana 1892 osclaíodh oifig teileagraif i gCill Rónáin.[40]

*Is deacair a dheimhniú cén t-am ar tháinig deireadh le cabhlach báid seoil i Chill Éinne. De réir suirbhé a rinneadh ar an áit sa mbliain 1831 bhí cabhlach báid ar an mbaile ag an am. Sa mbliain 1839, le linn do Sheán Ó Donnabháin a bheith san áit rinneadh líníocht de Chaisleán Aircinn agus tá dhá phúcán le feiceáil ar an trá gar don chaisleán. Ní dhéanann an t-Oirmh. Synge áfach, aon tagairt d'aon bhád seoil a bheith san áit nuair a bhí sé féin ann.

Cuan an Inbhir Mhóir ag tús an chéid. Ba bháid mar iad seo a tháinig go h-Árainn.
(Leabharlann Náisiúnta na h-Éireann)

Cill Rónáin i dtús an chéid. Amuigh sa gcuan tá *Ice Hulk* an ancaire. Ar an *Hulk* seo phacáiltí na ronnaigh earraigh le leac oighre sula seoltaí ar an margadh iad. Le céibh tá ceann de na *nobbies* áitiúla — an *Hero*. (Leabharlann Náisiúnta na h-Éireann)

Dhá lá ina dhiaidh sin d'fhág seacht mbád an t-Inbhear Mór[41] agus ar an 22ú lá shroich siad Árainn.[42] Sa leabhar *Man of Aran* cuireann Pádraig Ó Maoláin síos ar theacht na mbád seo:- "Lá amháin i dtús an Earraigh sheol cabhlach anuas Súnda Ghríora, cabhlach báid iascaigh as an Inbhear Mór a sheol timpeall chósta theas na hÉireann agus suas an cósta thiar le tosú ar iascach na ronnach earraigh in Árainn — báid le hainmneacha áille agus criúnna cróga ar bord acu: Mystical Rose, St. Veronica, The True Light, The Frigate Bird, The Rover's Bride agus mar sin de. Nach iontach an gliondar a chuireadh na báid úd orainn! Ba thús ré rachmasach é in Árainn. Ba é siúd tús na mblianta breátha iascaigh, agus ón am sin go dtí le déanaí chuaigh an cheilp ar gcúl agus cailleadh meas ar fhear a dhéanta".

Chomh maith le báid an Inbhir Mhóir bhí dhá bhád eile páirteach san iascach a chuir beirt bhan darbh ainmneacha Miss Skerrett agus Miss Mansfield ar fáil le criúnna as Cárna agus as an gClochán a thraenáil. Bhí púcán amháin as Árainn páirteach ann chomh maith. (Ní raibh sna hoileáin ag an am ach í seo agus púcán eile.) Ba é an t-Oirmh. W. S. Green a bhí i bhfeighil an fheachtais agus bhí an galtán "Fingal" aige, a chuir an Bord ar fáil dó, chun an feachtas a threorú. Tosaíodh ar an iascach láithreach, ach níor rugadh ar aon rud go dtí an 4ú lá d'Aibreán nuair a cuireadh sé mhíle ronnach go Sasana. Cé go raibh an aimsir stoirmiúil cuireadh seachtó trí míle ronnach go Sasana arís ar an 18ú lá de Bhealtaine. Mhair an séasúr ar feadh deich seachtaine agus rugadh ar beagnach trí chéad míle ronnach ar fad.

Shaothraigh báid an Inbhir Mhóir os cionn £300 an bád agus, cé nach raibh siad réidh le tosú ag tús an tséasúir, shaothraigh na báid áitiúla £70 an bád. Bhí Bord na gCeantar Cúng an-sásta le hobair na chéad bhliana.[43]

Sa mbliain 1893 leathnaigh an Bord a réimse oibre agus tháinig fás mór chomh maith ar iascach na ronnach earraigh. Tháinig báid an Inbhir Mhóir ar ais gan an liúntas dhá scór punt; bhí siad chomh sásta sin leis an iascach in Árainn.[44] Cé nach raibh ach bád seoil amháin as na hoileáin páirteach ann an bhliain roimhe sin bhí cúig bhád agus trí churach páirteach ann an bhliain seo agus ainmneacha orthu chomh hálainn is a bhí ar aon bhád as an Inbhear Mór: St. Enda, M'Laren Smith, St. Patrick, St. Joseph, Louisa, Mary Anne, Breaker agus Father O'Donohoe.[45] Ba bhád den déanamh "Nobby" í an Father O'Donohoe a thóg muintir Tyrrell san Inbhear Mór[46] agus ba fhear as an mbaile céanna a chuir faoi in Árainn agus a phós cailín as an áit a bhí ina mháistir uirthi.[47] Bhí sí ainmnithe don Ath. Ó Donnchadha a d'áitigh ar Bhord na gCeantar Cúng teacht chun na n-oileán. (Aistríodh as Árainn é in Eanáir na bliana 1892 agus fuair sé bás go luath sa mbliain 1893.)[48] Ba fhir as Árainn, a traenáileadh i mbáid an Inbhir Mhóir an bhliain roimhe sin, a bhí mar chriúnna sa gcuid eile de na báid áitiúla. Mhair séasúr na ronnach earraigh ón 4ú lá d'Aibreán go dtí an 8ú lá de Mheitheamh. Thóg báid Árann agus an Inbhir Mhóir os cionn naoi míle bosca éisc as a bhfuair siad £2,800, i.e. £120 in aghaidh an bháid acu.[49]

An bhliain seo leanadh leis an iascach ar feadh na bliana ar fad agus sailleadh tríocha a seacht míle ronnach agus aon mhíle dhéag scadán. Tugadh isteach daoine as Albain, as Oirthear Shasana agus as an Iorua chun sailleadh a mhúineadh do mhuintir na háite. An bhliain chéanna tógadh céibh Chill Mhuirbhí[50] agus dreideáileadh timpeall chéibh Chill Rónáin.

Bheadh cúrsaí go han-mhaith sna hoileáin murach gur chlis na fataí. Ceapadh i dtosach go sábhálfadh luach ard na ceilpe agus na mbeithíoch an scéal ach i dtús na bliana 1894 bhí fógraí ag dul isteach chun an rialtais go raibh na hoileáin ar an ngannchuid, go háirithe Inis Oírr agus Cill Éinne.[51] (Ní raibh aon ghorta in Inis Meáin de réir cosúlachta.) I dtús mhí Eanáir bhris fliú amach.[52] Nuair a buaileadh an dochtúir féin tinn ní raibh éinne le freastal ar na hothair, agus fuair cúig dhuine dhéag bás dá bharr.[53] I mí Feabhra d'iarr muintir Inis Oírr ar an rialtas oibreacha fóirithinte a chur ar fáil dóibh[54] ach ní bhfuair siad ach £15 ó Bhord na n-Oibreacha Poiblí leis an ngaineamh a ghlanadh amach as Teampall Chaomháin.[55] Nuair a tháinig séasúr na curadóireachta bhí na fataí síl ite agus ní raibh fiú airgead ag na daoine le tuilleadh fataí síl a cheannach. Chuaigh an séiplíneach, an t-Ath Mac Philibín go Baile Átha Cliath chun an scéal a chur faoi bhráid an Phríomh-Rúnaí agus mhuintir Sutton, comhlucht dlíodóirí a raibh scar acu sna hoileáin, ach ní bhfuair sé aon aird ó cheachtar acu. Sa Márta bheartaigh Bord na gCeantar Cúng nach bhféadfadh siad síol fataí ná oibreacha poiblí a chur ar fáil mar nach raibh a gcostas-san ar mheastachán a gcaiteachais don bhliain sin. Chuir teachta parlaiminte na Gaillimhe an cás os comhair an House of Commons ach tugadh cluas bhodhar dósan chomh maith.[56] Mar bharr ar an mí-ádh tháinig an sirriam. (Bhí Miss Digby básaithe faoi seo agus ba iad beirt iníon a deirféar — Geraldine Digby St. Lawrence agus Henrietta Eliza Guinness na húinéirí.) Bhí daoine san áit a raibh riaráistí cíosa idir sé agus naoi mbliana orthu. Bhí na húinéirí nua sásta cíos dhá bhliain a thógáil ach d'iarr an t-Ath. Mac Philibín orthu gan aon chíos a iarraidh ar na daoine de bharr an ghorta.[57] Níor tugadh aon aird air agus ar an 3ú lá d'Aibreán tháinig an sirriam agus garda cosanta den R.I.C. leis chun é a chosaint. Tosaíodh ar an díshealbhú ar an

4ú lá agus leanadh leis suas go dtí an 7ú lá. I rith an ama seo shocraigh trí theaghlach is fiche leis an sirriam trí chíos dhá bhliain agus ceithre phunt costais a íoc.[58] Maitheadh an chuid eile de na fiacha dóibh. Díshealbhaíodh dhá theaghlach déag[59] ach ina dhiaidh sin ligeadh deich dteaghlach acu ar ais ina dtithe.[60] In Inis Meáin díshealbhaíodh teaghlach amháin agus shocraigh trí theaghlach leis an ngníomhaire. Bhí an sirriam le dul go hInis Oírr chomh maith ach stop an drochaimsir é. Shocraigh an trí theaghlach a bhí le díshealbhú anseo leis na tiarnaí talún ina dhiaidh sin.[61]

Ar an 9ú lá chuir an t-Ath. Mac Dónaill sreangscéal chuig an bPríomh-Rúnaí ag iarraidh síol fataí le gorta eile a chosc agus le teacht i gcabhair ar na daoine a díshealbhaíodh.[62] Tógadh an cheist suas athuair i Westminster ach dhearbhaigh an Príomh-Rúnaí nach raibh aon airgead ar fáil le teacht i gcabhair ar na daoine.[63]

Is dóigh gur mar seo a d'fhanfadh an scéal murach gur bhunaigh teachta parlaiminte Sasanach, an t-Uasal Channing, ciste san House of Commons le fataí a cheannach do mhuintir Árann. Faoi cheann coicíse bhí £70 bailithe aige.[64]

Ní raibh an t-iascach féin go ró-mhaith an bhliain sin, rud a chuir leis an gcruatan. Bhí báid an Inbhir Mhóir ar ais arís, deich mbád as Connamara agus seacht mbád agus cúig churach déag as Árainn.[65]

Chlis na fataí arís an dara bhliain as a chéile[66] agus i dtús na bliana 1895 bhí gorta go forleathan arís in Inis Oírr, i gCill Éinne agus siar ón Sruthán. Chomh maith le cliseadh na bhfataí thit luach na ceilpe agus na muc agus i rith an gheimhridh bhí fliú go dona arís i measc na ndaoine.[67] Chuir an t-Ath. Ó Colgáin in iúl do theachta Parlaiminte na Gaillimhe go raibh oibreacha fóirithinte ag teastáil go géar sna hoileáin,[68] ach níor tugadh dóibh ach céibh bheag a thógáil i gCill Mhuirbhí

An *Duras* amach Ó chéibh Chill Mhuirbhí sa mbliain 1895. (Ulster Museum, Béal Feirste)

agus stáisiún sailleadh éisc in Inis Oírr.[69] Bhí an t-iascach go han-mhaith an bhliain seo, áfach, agus shaothraigh na hiascairí beagnach a thrí oiread is a shaothraigh siad an bhliain roimhe sin. Ní raibh aon ardú, áfach, ar líon na ndaoine a bhí páirteach ann.[70]

Sa mbliain 1896 bhí na ronnaigh earraigh deireanach ag teacht isteach, rud a d'fhág nár saothraíodh mórán orthu mar ba ar na ronnaigh luatha a bhíodh an luach ab airde.[71] An bhliain chéanna tháinig an sirriam ar ais. I lár mhí Eanáir cuireadh orduithe díshealbhaithe, a eisíodh in aghaidh sé theaghlach déag, suas ar dhoras theach na cúirte i gCill Rónáin.[72] B'as baile fearainn Eoghanachta an chuid ba mhó a bhí le díshealbhú[73] agus d'admhaigh an gníomhaire féin go raibh siad ró-bhocht leis an gcíos a íoc.[74] Bhí riaráistí naoi mbliana déag ar chuid acu. Tharraing an sagart suas achainí ar son na ndaoine ag iarraidh ar na húinéirí an cíos a ísliú mar go raibh luach íseal ar mhuca agus ar cheilp le cúpla bliain.[75] Níor tugadh aon aird air ach oiread is a tugadh dhá bhliain roimhe sin agus ar an 7ú lá de Dheireadh Fómhair tháinig Liam Ó Murchú, an sirriam, le fórsa cúig fhear déag den R.I.C. chun tosú ar an díshealbhú. An lá ina dhiaidh sin díshealbhaíodh na daoine ar fad ach amháin ceathrar a ligeadh ar ais arís ina ngabháltais. Bhí daoine le díshealbhú in Inis Meáin chomh maith ach de bharr stoirme níor fhéad an sirriam dul ann agus an 13ú lá d'fhill sé féin agus a gharda cosanta go Gaillimh.[76] Chríochnaigh an bhliain go dona sna hoileáin, mar chlis na fataí arís sa bhFómhar.[77]

Ba bhliain gan éacht í an bhliain 1897 in Árainn ó thaobh an iascaigh de agus saothraíodh níos lú ar na ronnaigh earraigh fiú ná mar a saothraíodh an bhliain roimhe sin.[78] An bhliain chéanna, áfach, tháinig sagart bríomhar fuinniúil chun na háite a ghlacfadh ceannas ar imeachtaí na n-oileán fad a bheadh sé san áit agus a mbeadh cuimhne air i litríocht na hÉireann mar Fr.

Dhá thaobh den fhoirm iarratais a cuireadh chuig an R.I.C. ag iarraidh orthu fórsa cosanta a chur ar fáil don sirriam. (Oifig na Státpháipéar, Caisleán Bhaile Átha Cliath)

Moclair san úrscéal *Skerrett* — an t-Ath. Muircheartach Ó Fearchair.*

Bhí ceist na cíoschánach le socrú fós agus ba í an chéad cheist í a tharraing an sagart nua chuige. Bhí an t-Ardchoiste fós ag éileamh an £452 a leagadh ar na hoileáin de bharr choireanna Chogadh na Talún. I ndeireadh na bliana thionóil an t-Ath. Ó Fearchair cruinniú ag ar beartaíodh tairiscint don Ardchoiste go n-íocfaí an chíoscháin feasta dá mbeadh an coiste sásta fiacha na n-oileán a ghlanadh amach suas go dtí Deireadh Fómhair na bliana sin. Ghlac an t-Ardchoiste leis an tairiscint seo, ach chuaigh Pádraig Ó hIarnáin as Cill Rónáin in aghaidh an Ath. Uí Fhearchair agus mhol sé do na daoine gan aon chíoscháin a íoc. Chuaigh go leor daoine ar thaobh Uí Iarnáin agus d'éirigh an scéal níos measa i ndeireadh mhí na Samhna nuair a ceapadh Colm Ó Coisteabhla, cara leis an Ath. Ó Fearchair, mar bhailitheoir cánach. Níorbh fhada gur cuireadh fógra suas ar a theach ag bagairt air gan aon cháin a bhailiú, agus ina dhiaidh sin tionóladh cruinniú eile ag ar beartaíodh gan aon airgead Nollag a íoc leis an Ath. Ó Fearchair. Íocadh an t-airgead ach, mar sin féin, bhí mana an phobail fós in aghaidh an tsagairt agus mheas an rialtas go mbeadh fórsa láidir póilíní ag teastáil leis an gCoisteabhlach a chosaint ag bailiú na cánach dó.[79] I rith mhí Eanáir na bliana 1898 bhí beairic na bpóilíní á deisiú agus dá bhrí sin níorbh fhéidir an fórsa breise a thabhairt chun na háite.[80] I rith na míosa, áfach, chiúnaigh an áit síos agus i dtús mhí Feabhra léigh an t-Ath. Ó Fearchair litir ón Easpag ag moladh do na daoine an chíoscháin a íoc. Ina dhiaidh seo thosaigh roinnt daoine á híoc — an chuid ba mhó acu in Eoghanacht, áit a raibh Bord na gCeantar Cúng ag déanamh bóthair agus Colm Ó Coisteabhla mar mhaor ar an obair.[81] I lár

na míosa tháinig fórsa cúig fhear déag den R.I.C. mar chosaint don Choisteabhlach agus ar an 21ú lá tosaíodh ar an mbailiúchán. Níor íoc ach beirt an chíoscháin agus tugadh fógra sé lá do dhaoine eile. An lá ina dhiaidh sin chuaigh siad go hIaráirne, ach bhailigh slua trí chéad duine a thosaigh ag caitheamh cloch leo, i gcruth is gurbh éigean do na póilíní an slua a ionsaí lena gcuid bataí. Níor bailíodh aon chíoscháin ach tugadh fógra sé lá dá lán daoine. An tríú lá chuaigh siad go dtí an ceann thiar, áit a raibh siad ag súil le trioblóid, ach níor chuir aon duine ina n-aghaidh agus d'íoc go leor daoine an cháin. As sin amach ní raibh aon chosc ar an mbailiú agus sa deireadh d'íoc gach duine í.[82]

Níor bailíodh aon cháin sna hoileáin eile go ceann tamaill, ach tháinig an sirriam, Liam Ó Murchú, go hInis Meáin leis an ngnó a bhí gan déanamh ó 1886 a chríochnú. Ar an 2ú lá de Bhealtaine sheol sé féin agus a gharda cosanta ar an "Duras", ach go tobann d'éirigh stoirm agus b'éigean dóibh casadh ar ais.[83] Tháinig siad arís ar an 11ú lá de Mheitheamh agus an t-am seo d'éirigh leo a ngnó a chríochnú.[84] Bhí an drámadóir John Millington Synge ar saoire sna hoileáin ag an am, agus seo mar a chuireann seisean síos ar imeachtaí an lae:-

Nuair a tháinig an galtán i ngar chuaigh mé féin agus na fir eile síos le breathnú orthu ag teacht i dtír, cé nach ndeachaigh aon duine againn níos gaire ná míle don chladach.

Bhí dhá churach as Cill Rónáin, ina

---

*Bhí roinnt blianta caite ag an Ath. Ó Fearchair in Árainn cheana féin mar shéiplíneach ach anois bhí sé tagtha chun na háite mar shagart paróiste. (Ó Dónaill. Oileáin Árainn.)

Feis Chonnachta Lúnasa, 1904 (Cathair na Mart?) 1-u Duais, Cór Árainn na Naomh (Grianghraf le caoinchead Eamainn Uí Thuathail). *An chéad líne:* Ceatie Tom; Katie Dirrane; Miss Doyle; Katie McDonagh; M. Gillan; Katie Dan. *An dara líne:* Mrs. Waters; Fr Farragher; Miss Farragher; Katie Flaherty; Monica Flaherty; Barbara Tony; Schoolmistress; Miss Farragher; Mr. Maguire (Organiser); Miss Folan. *An tríú líne:* Nan Dirrane; Mary Walsh; Ellie Hernon; Nóirín Cooke; ——; Babe O Brien; Brídín Nappa; Mary Mullen (Brianeen). *An ceathrú líne:* ——; Agnes Ganly; ——; Mary Hernon; ——; Delia Dirrane; Delia Flaherty; Maggie Dirrane; Bríd Antoine Tom; Miss Dillane; Mary Antoine Bhriain; Baibín Bheairlín (Nóra).

Grianghraf a thóg J. M. Synge den díshealbhú. (Coláiste na Trionóide)

raibh an dochtúir, an t-oifigeach fóiri-thinte agus fear a bhí leis na tithe a aithint, ag imeacht le sruth go dtí go rachadh an dream eile i dtír. Nuair a caitheadh amach an t-ancaire chuir sé isteach go mór orm na báid a fheiceáil á n-ísliú agus an ghrian a fheiceáil ag glioscarnach ar raidhfilí agus ar chlogaid na gconstáblaí a bhí ag dul isteach iontu. Chomh luath is a bhí siad i dtír cuireadh na fir in ord máirseála, tugadh focal agus tháinig rithim a mbróg aníos chugainn thar na carraigeacha. Bhíomarna inár seasamh ar 'chaon taobh den bhóthar agus faoi cheann cúpla nóiméad chuaigh an díorma fear armáilte tharainn agus an dríodar a tugadh isteach leis na beithígh a thiomáint don sirriam ina ndiaidh . . .

Stopadh ag ceann de chéad tithe an bhaile agus tosaíodh ar obair an lae. Ag an nóiméad deireanach, áfach, tháinig gaolta mhuintir an tí i láthair leis an airgead a bhí ag teastáil le faoiseamh a fháil. Tharla an rud céanna i gcás an dara teach.

Bhí cailín beag tinn i dteach eile, rinne an dochtúir idirghabháil ar a son agus, tar éis díshealbhú foirmeálta, tugadh cead don teaghlach fanacht sa teach. Timpeall an mheán lae, áfach, thángthas go dtí teach nach raibh aon chúis trócaire ann ná aon airgead le fáil ó mhuintir an tí. Ar chomhartha ón sirriam tosaíodh ar iompar amach na leapacha agus an troscáin i measc slua de mhuintir an oileáin a bhí ag breathnú ar an obair. Ní raibh fuaim le cloisteáil ach impíocha fíochmhara bhean an tí . . . .

Nuair a bhí an cúpla ball troscáin tugtha amach agus an doras dúnta suas le clocha shuigh an tseanbhean síos ar an tairseach agus chlúdaigh a ceann lena seál.

Shuigh cúigear nó seisear de mhná na gcomharsan timpeall uirthi le trua tostach. Ansin chuaigh na póilíní agus an slua ar aghaidh go dtí teach eile áit ar tharla an scéal céanna agus fágadh scata eile de mhná cráite ina suí le hais an bhotháin . . . .

Nuair a bhí an díshealbhú deireanach thart roinneadh an slua ina dhá leath: chuaigh leath amháin leis an mbáille go dtí lár an oileáin i ndiaidh na mbeithíoch a cuireadh i bhfolach an mhaidin sin agus d'fhan an leath eile i bhfeighil roinnt muc a bhí coigistithe cheana féin . . . . Tar éis dhá uair a chloig tháinig siad ar ais ag tiomáint dhá nó trí bhó thanaí rompu agus ansin bhog an slua ar fad ar aghaidh i dtreo na céibhe. Sa teach tábhairne tugadh deoch do na póilíní agus d'fhan an slua a bhí á leanacht taobh amuigh . . . .

Ar an gcéibh thosaigh go leor margála agus ba í an chríoch a bhí air ná gur tugadh na beithígh ar ais do na húinéirí. Bhí siad chomh tanaí sin nárbh fhiú iad a thógáil uathu.

Nuair a bhí an póilín deireanach ar bord loinge tháinig seanbhean amach as an slua, chuaigh anáirde ar mhullán, shín a méar i dtreo an bháille agus thosaigh uirthi i nGaeilge.

" 'Sé an fear seo mo mhac féin" ar sise "agus is agamsa a tá fhios é. 'Sé an bacach is measa ar an domhan mór é".

Ansin, i sruth de chaint fhíochmhar nach bhféadaim a aithris, thug sí cuntas ar shaol agus bhí tionchar chomh mór sin ag a cuid cainte ar na daoine gur cheap mé go marófaí é sula sroichfeadh sé a theach.

Sna hoileáin seo is dá gclann amháin a mhaireann na mná agus is do-áirithe í cumhacht an dúchais a thug ar an mbean seo a mallacht a chur ar a mac féin.[85]

Ar an 28ú lá de mhí na Nollag 1899 tharla an chéad tubaiste do na hiascairí. Shéid gála cúig bhád i dtír i gCuan Chill Éinne, báthadh ceathrar fear criú agus scriosadh trí cinn de na báid amach is amach. Cé gur caitheadh roinnt mhaith ama ag cuartú na bhfear báite ní bhfuarthas ach coirp triúir acu. Chuir an t-Ath. Ó Fearchair agus Ardmhéara Bhaile Átha Cliath ciste ar bun chun teacht i gcabhair ar a muintir.[87]

An bhliain chéanna thug Bord na gCeantar Cúng isteach báid nua, na yawlanna. Bhí ceann acu ag iascach i gCill Mhuirbhí, péire i gCill Rónáin agus sé cinn in Inis Oírr. D'éirigh go maith leo i dtosach agus idir Nollaig na bliana 1899 agus Márta na bliana 1900 d'íoc ceithre cinn acu leath a gcostais.[88]

I ndeireadh na bliana 1900 osclaíodh ionad tógála bád i gCill Rónáin[89] agus tugadh isteach Jim Sims, saor báid as Fraserburgh in Albain, chun a bheith ina fheighil.[90] Tógadh naoi mbád ar fad ann ach,[91] mar gurbh éigean an t-adhmad ar fad a thabhairt isteach cun na háite, bhí siad níos costaisí ná báid a cheannófaí in Albain.[92] Nuair a fuair Sims bás sa mbliain 1907 bheartaigh an Bord gan aon saor báid eile a thabhairt isteach agus dúnadh an t-ionad.

Níor tháinig deireadh sona, ach oiread, le scéal na yawlanna in Inis Oírr. Ní raibh aon chuan foscúil san áit le hiad a fhágáil ar ancaire ann agus bhí siad ró-throm le tarraingt suas ar an trá. Sa mbliain 1904 cuireadh ceithre cinn acu go tóin le linn dóibh a bheith ar ancaire agus séideadh trí cinn eile ar siúl.[93] Sa mbliain 1906 cuireadh ceithre cinn go tóin arís[94] agus b'éigean don Bhord iad a aistriú as Inis Oírr

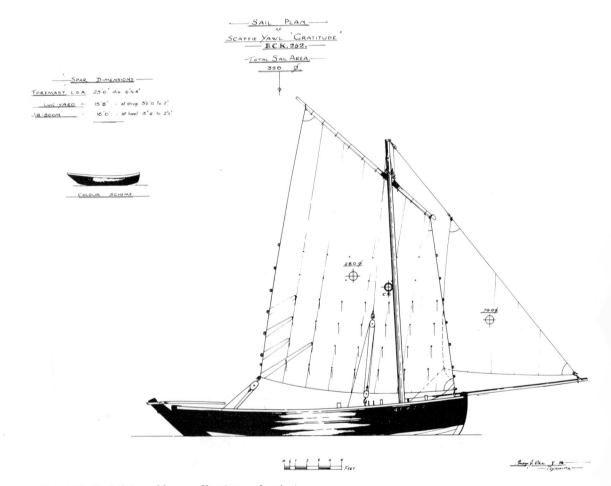

Líníocht de *Yawl.* (Science Museum, Kensington, London)

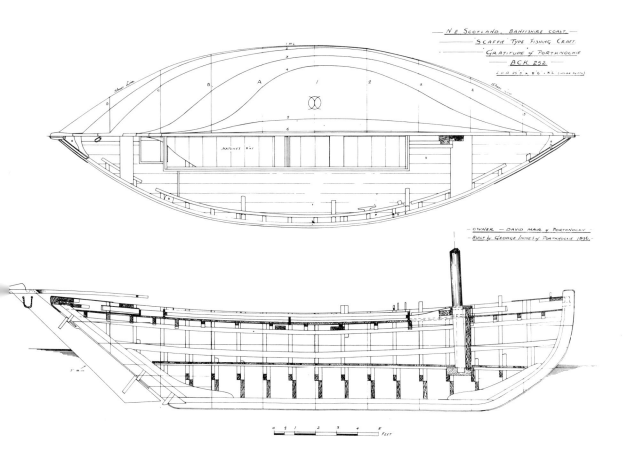

ar fad sa mbliain 1908.[95] Thug an Bord ardmholadh, áfach, do mhuintir an oileáin as ucht na haire ar fónamh a thug siad do na báid agus na fearais iascaigh.[96]

An bhliain chéanna thosaigh an t-iascach ag cliseadh agus luacha ag titim. Ba í an chúis a bhí leis seo ná go raibh trálaeir ghaile as Sasana agus as Albain ag iascach timpeall an chósta agus nach raibh na báid seoil in ann dul i gcoimhlint leo. Ba iad na ronnaigh earraigh ba mhó a chaill a luach agus feasta b'amhlaidh a shailltí an chuid ba mhó acu in áit iad a chur ar an margadh úr.

I rith an chéad chogaidh mhóir tháinig borradh nua faoin iascach. Chuir an cogadh suas luach an éisc agus ní raibh aon choimhlint óna trálaeir iasachta. Níorbh iad na hiascairí bá mhó a rinne brabach ar na luachanna arda, áfach, ach na ceannaithe, a bhí i gcomhcheangal le chéile in aghaidh an Bhoird agus na n-iascairí. Chun an fhadhb seo a réiteach bhunaigh an t-Ath. Ó Fearchair comharchumann iascairí san áit sa mbliain 1915. Ba iad iascairí curaí Chill Mhuirbhí a bhí ina mbaill de i dtosach ach, nuair a d'éirigh leo a thrí oiread a fháil ar an iasc ón gcomharchumann is a d'fhaighidís ó na ceannaithe, tháinig iascairí Chill Rónáin isteach leo. Faoin mbliain 1917 bhí céad ochtó ceathair ball sa gcomharchumann agus cabhlach dhá scór curach agus aon nobby déag acu. Cuireadh iasc úr chomh fada ar siúl le Manchester agus Liverpool ach ba iasc saillte ba mhó a dhíol an comharchumann le Muintir Pickart i mBoston. D'ardaigh láimhdeachas airgid an chomharchumainn ó

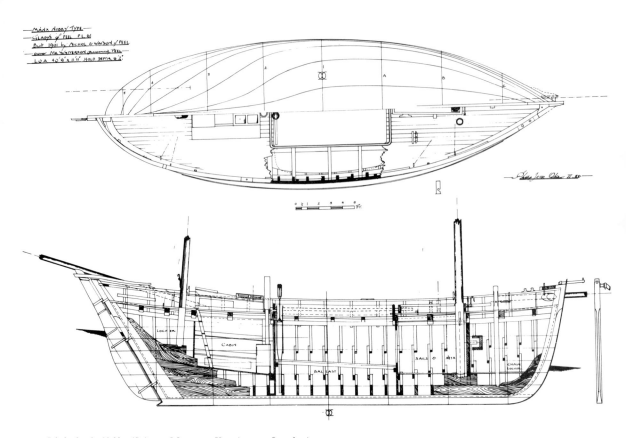

Líníocht de *Nobby*. (Science Museum, Kensington, London)

£762 i mbliain a bhunaithe go dtí £6,098 an bhliain dár gcionn. Sa mbliain 1917 d'ardaigh sé go dtí £21,507 agus shroich sé a bharr-phointe sa mbliain 1918 le £36,748. Nuair a bhí an cogadh thart bhí sé níos saoire bia a allmhairiú chun na Breataine ó na coilíneachtaí agus dá bhrí sin thit luach an éisc. Cé gur díoladh luach £10,000 sa mbliain 1919 chaill an comharchumann £3,000, an chéad chaillteamas go dtí seo. Mar bharr ar an mí-ádh ardaíodh táillí iompair éisc trí chalafoirt na hÉireann 120% sa mbliain 1920. Níor dhíol an cumann ach luach £2,471 d'iasc an bhliain seo agus chaill sé £486, rud a d'fhág go raibh fiacha £1,110 air. Lean sé ar aghaidh ar feadh dhá bhliain eile ach dúnadh é sa mbliain 1922 nuair a aistríodh an t-Ath. Ó Fearchair as Árainn.[97]

I rith an ama seo ar fad bhí ceist na talún gan réiteach. Ní dhearna Coimisiún na Talún aon iarracht ar na hoileáin a cheannach in ainneoin na n-achtanna éagsúla. Bhí cumhacht ag Bord na gCeantar Cúng ó thús, áfach, talamh gan tionónta a cheannach ó thiarna talún agus é a dháileadh ar na tionóntaí. Sa mbliain 1897 thairg Pádraig Johnston a thionóntacht ar Cheathrú an Chnoic i gCill Éinne a dhíol leis an mBord ar £550. Chuir an Bord suirbhéir chun na háite agus de bharr a thuarascála sin bhí siad sásta tionóntacht na feirme a cheannach dá bhfaigheadh Johnston léas fada go leor uirthi chomh maith le cead foligin. De réir cosúlachta ní bhfuair Johnston an léas a theastaigh ón mBord mar ní dheachaidh an scéal níos faide ná sin. I Márta na bliana 1899 mhol muintir Sutton go gceannódh an Bord na hoileáin ar fad ach dhiúltaigh an Bord é seo a dhéanamh, cé go raibh siad sásta fós Ceathrú an Chnoic a cheannach, ach ní mBealtaine bhí cruinniú ag Seoirse Crozier, dlíodóir na n-úinéirí, le rúnaí an Bhoird faoi cheannach na feirme, ach níor tháinig tada dá bharr, mar nach raibh an Bord sásta an luach a theastaigh óna húinéirí a íoc.[98]

Is dóigh gur mar seo a d'fhanfadh an scéal ach i mí na Samhna d'iarr an t-Ath. Ó Fearchair ar an mBord arís Ceathrú an Chnoic a cheannach. Chuaigh an Bord i dteangmháil le Crozier athuair chun a fháil amach an mbeadh na húinéirí sásta na hoileáin ar fad a dhíol ach mheas seisean nach mbeadh. Bhí an Bord sásta fós Ceathrú an Chnoic a cheannach, ach ní raibh siad sásta £1,900 a íoc uirthi fé mar a theastaigh ó na húinéirí.[99]

Go hoifigiúil, sin mar a d'fhan an scéal ar feadh cúpla bliain, ach bhí na daoine féin corraithe anois agus fonn orthu seilbh a bheith acu ar a gcuid talún. Sa mbliain 1898, i gCathair na Mart, chuir Liam Ó Briain cumann ar bun ar ar tugadh an United Irish League i gcuimhne ar Éirí Amach na n-Éireannach Aontaithe céad bliain roimhe sin. Ceann d'aidhmeanna an chumainn ab ea iallach a chur ar na tiarnaí talún a gcuid tailte a dhíol leis na tionóntaí. Cé nach raibh réimeas an chumainn seo chomh fíochmhar le réimeas Chonradh na Talún d'úsáid na baill foréigean, baghcatáil agus imeaglú lena gcuspóirí a chur i gcrích.[100] Ní fios cén t-am ar cuireadh craobh den United Irish League ar bun in Árainn, ach bhí an t-Ath. Ó Fearchair an ghníomhach ann ó thús.*

I nDeireadh Fómhair na bliana 1903 mhol an Dr. Ó hÉalaigh, Ardeaspag Thuama, do Bhord na gCeantar Cúng na hoileáin a cheannach, agus d'fhiafraigh siad

sin de mhuintir Sutton an mbeadh na húinéirí sásta. Níor tháinig aon fhreagra uathu sin go dtí Bealtaine na bliana ina dhiaidh sin nuair a chuir siad in iúl don Bhord gur theastaigh uathu idirbheartaíocht a thosú. Bhí an Bord faoin am seo ag súil le tuarascáil coimisiúin faoi na Ceantair Chúnga agus ní raibh siad sásta aon idirbheartaíocht a thosú go dtí go mbeadh an tuarascáil eisithe.[101]

Ní raibh an United Irish League ná muintir na n-oileán sásta an scéal a fhágáil mar sin agus an mhí dár gcionn bheartaigh siad gan a thuilleadh cíosa a íoc go dtí go dtoileodh na húinéirí leis na hoileáin a dhíol.[102] I Meitheamh na bliana 1905 gheall Crozier dóibh, dá n-íocfaidís an cíos, go dtosódh idirbheartaíocht arís.[103] Ar an 13ú lá de Mheán Fómhair na bliana 1906 bhí cruinniú idir Crozier, ionadaithe na dtionóntaí agus an t-Ath. Ó Fearchair. Thairg na tionóntaí go gceannóidís na hoileáin ar chíos ocht mbliana déag ach theastaigh cíos bliana is fiche ó Chrozier. Níor thángthas ar aon socrú.[104] Ar an 23ú lá den mhí chéanna thionóil an t-Ath. Ó Fearchair cruinniú den U.I.L. ag séipéal Eochla tar éis Aifreann a haon déag. Bhí céad go leith duine i láthair agus aontaíodh gan aon chíos a íoc go dtí go ndíolfadh na húinéirí na hoileáin ar chíos ocht mbliana déag.[105] Trí seachtaine ina dhiaidh sin d'iarr Crozier ar an R.I.C. Ruairí Ó Direáin, an báille, a chosaint agus é ag bailiú an chíosa ach ní dhearna seisean mórán iarrachta ar é a bhailiú mar go raibh faitíos air go mbaghcatáilfí a theach tábhairne i gCill Éinne.[106] I ndeireadh na bliana d'iarr an t-Ath. Ó Fearchair ar Choimisiún na Talún na hoileáin a cheannach agus sa mbliain 1907 chuir siad sin cigire chun na háite leis an scéal a iniúchadh.[107]

I rith an ama seo ní raibh aon chíos á íoc agus i mí Feabhra bhí orduithe díshealbhaithe eisithe ag Crozier in aghaidh ocht dtionónta agus dá fhichead. I ndeireadh mhí na Samhna bhí socruithe á ndéanamh leis an R.I.C. chun fórsa póilíní a chur

---

*Ta an dá thagairt don United Irish League in Árainn ag bréagnú a chéile o thaobh dáta a bhunaithe. De réir an *Galway Express* níor bunaíodh craobh Árann go dtí 1908. (Féach nóta 8, Bunús an Úrscéil *Skerrett*) ach de réir pháipéir an Stáit is faoi choimirce an League a tionóladh an cruinniú ag séipéal Eachla ar an 23ú lá de Mheán Fómhair na bliana 1906.

chun na n-oileán leis an sirriam a chosaint le linn díshealbhuithe a bhí socraithe do'n 3ú lá de mhí na Nollag.[108] De réir chigire an R.I.C. bheadh céad póilín ag teastáil[109] mar go raibh muintir na n-oileán leagtha amach ar gan aon chíos a íoc agus cur in aghaidh an tsirriam chomh maith is a chuir siad in aghaidh an Cheallaigh fiche bliain roimhe sin. Bhí fhios ag muintir Sutton féin nach dtiocfadh tada de bharr na ndíshealbhuithe agus nuair a d'iarr an t-Ath. Ó Fearchair orthu cainteanna idirbheartaíochta a athoscailt bhí siad sásta sin a dhéanamh agus a iarraidh ar Chrozier na díshealbhuithe a chur ar athló go dtí go bhfeicfí cén toradh a bheadh ar na cainteanna.[110] Ní raibh aon toradh orthu ach fad is a bhí siad ar siúl socraíodh an t-aighneas idir Crozier agus muintir na n-oileán.[111]

Nuair a rith an Rialtas Acht Talún 1909 bhí na húinéirí sásta na hoileáin a dhíol. Chuir muintir Sutton é seo in iúl i litir a chuir siad chuig an mBord i Meitheamh na bliana 1910 á iarraidh orthu cás na n-oileán a thógáil suas arís.[112] Ar an 18ú lá de Dheireadh Fómhair na bliana 1912 dhearbhaigh Geraldine Digby St. Lawrence agus Henrietta Eliza Guinness go raibh siad sásta na hoileáin a dhíol ar £14,000 stoc talún.[113] Cuireadh moill ar ghnóthaí ach ar an 19ú lá d'Eanáir na bliana 1922 d'íoc Coimisiún na Talún (a thóg cás na n-oileán as lámha an Bhoird) £13,721 stoc talún leis na húinéirí.[114] Sa deireadh críochnaíodh an gnó a tosaíodh cúig bhliana agus dá fhichead roimhe sin nuair a caitheadh cloch trí fhuinneog an Oirmh. Kilbride mar gur thóg sé leath feirme ar caitheadh Pádraig Ganly agus a mháthair amach aisti ar an 9ú lá de Mheitheamh na bliana 1877.

Aguisín

Doras teampaill ón gceathrú nó ón gcúigiú haois déag atá i mballa Chaisleán Aircinn. Is dóigh gur as ceann de na ceithre theampall a leagadh a tógadh é.

Aguisín

I

AN MHAINISTIR PHROINSIASACH

Mar atá luaite cheana, cuireadh an mhainistir seo ar bun na mbliain 1485. Is beag tionchar a bhí ag láncsor na mainistreacha faoi Anraí VII uirthi mar go raibh údarás an rí go han lag sa gcuid sin den tír. Nuair a tháinig an Tiarna Grey go Gaillimh sa mbliain 1537 níor dúnadh aon mhainistir san áit.

Sa mbliain 1569, nuair a ceapadh Sir Edward Fitton mar ghobharnóir ar Chúige Chonnacht, is ea tosaíodh ar pholasaí creidimh an rialtais a chur i bhfeidhm. An bhliain seo dúnadh mainistreacha na Gaillimhe, ach is amhlaidh a chuaigh na manaigh faoi thalamh.[1]

In Árainn, áit a raibh na Flaitheartaigh i réim anuas go dtí 1586 is dóigh gur lean an mhainistir ar aghaidh gan chur isteach. Is dóigh nár chuir Thomas Lestrange (a bhí pósta le bean Éireannach[2]) isteach uirthi, ach oiread, nó má b'éigean dó í a dhúnadh gur ligeadh do na manaigh fanacht inti.

Is sa mbliain 1629 a tá an chéad tagairt le fáil di agus faoin am seo bhí sí gan comhthionól.[3] Bhí sí gan comhthionól fós sa mbliain 1639,[4] ach sa mbliain 1645 bhí comhthionól inti faoi cheannas an Ath. Gaspar Fonte.[5] Sa mbliain 1647 ba é an t-Ath. Réamonn Mac Feorais a bhí i gceannas[6] agus sa mbliain 1650 bhí an t-Ath. Antoine de Búrca i gceannas.[7]

Fad a bhí fórsaí na Parlaiminte i seilbh na n-oileán ní raibh aon chomhthionól sa mainistir agus is dóigh go raibh an mhainistir féin ar cheann de na teampaill a leagadh chun caisleán Aircinn a thógáil. Ag an am céanna úsáideadh Oileáin Árann mar ionad géibhinn do shagairt agus bhí an t-Ath. Gaspar Fonte ar dhuine de na géibheannaigh.[8]

Bhí comhthionól Proinsiasach arís san áit sa mbliain 1685 faoi cheannas an Ath. Antoine Mac Dónaill.[9] D'fhág siad an áit arís sa mbliain 1687[10] ach bhí siad ar ais sa mbliain 1693 faoi cheannas an Ath. Seán Breathnach.[11] Sa mbliain 1697 bhí an t-Ath. Proinsias Bodkin i gceannas.[12]

Ba é an t-Ath. Bodkin an ceannaire deireannach a bhí ar na Proinsiasaigh in Árainn. De bharr na bpéin dlithe a bhí á gcur i bhfeidhm ag tús an ochtú haois déag bhí orthu an áit a fhágáil agus cé go rabhthas ag ceapadh ceannairí do mhainistir Árann anuas go dtí 1717 níor thóg aon duine acu oifig.[13] Ní dhearna na Proinsiasaigh aon iarracht teacht ar ais ina dhiaidh sin.[14]

II

LONGBHRISTEACHA

Ar an 21ú lá de Lúnasa na bliana 1823 séideadh soitheach mór a raibh na crainn seoil briste air agus é tréigthe ag an gcriú isteach go dtí Oileán an dá Bhrannóg. Bhuail sé na carraigeacha anseo agus thit sé as a chéile. Rinne muintir na háite iarracht ar an last adhmaid a bhí ar bord a fhuadach ach chosc na Gardaí Cósta iad.[1]

I ndeireadh na bliana 1834 séideadh an bhruig "Woodbine" i dtír in Árainn Mhór. Chosc Pádraig Ó Flaithearta na daoine ó last na loinge a fhuadach.[2]

Ar an 28ú lá de Dheireadh Fómhair na bliana 1835 d'fhág an sliúp "Providence" Gaillimh ar a bealach go Liverpool. Briseadh í in Árainn an lá céanna ach sábháileadh an criú.[3]

Ar an 13ú lá de Mheán Fómhair na bliana 1861 briseadh "The Rambler" as Bristol ar Oileán an dá Bhrannóg. Báthadh paisinéir agus duine den chriú ach sábháileadh an chuid eile.[4]

Ar an 24ú lá de Bhealtaine na bliana 1876 sheol an scúnar "Craig Gown" as Cinn Mhara ar a bealach go Bristol ach an lá ina dhiaidh sin bhuail sí Carraig na Fianaise agus chuaigh sí go tóin. Sábháileadh an criú.[5]

I dtús mhí Eanáir na bliana 1879 rug stoirm ar an mbruig "Don Quixote" a bhí ar a bealach go Luimneach as Nua Eabhrac. Sciob an fharraige an captaen agus ceathrar den chriú thar bord. Ó dheas d'Árainn b'éigean don chuid eile den chriú í a fhágáil.[6]

III

NA TITHE SOLAIS

Mar a tá luaite cheana, tosaíodh ar thógáil theach solais Eochla sa mbliain 1816 agus lasadh solas ann don chéad uair Lá Bealtaine na bliana 1818. Bhí an áit ar tógadh é, áfach, ró ard, i gcruth is nárbh fhéidir é a fheiceáil in aimsir cheomhar. Níorbh fhéidir é a fheiceáil as na sundaí ach oiread. Ón am ar lasadh solas ann, dá bhrí sin, bhí iarratais ag dul isteach chun an rialtais chun teach solais nua a thógáil in áit níos feiliúnaí san oileán ach níor éirigh le ceachtar acu.

Sa mbliain 1850, áfach, chuir Coimisinéirí Chuan na Gaillimhe iarratas isteach chun teach solais a thógáil ar an Oileán Iarthach. Rinne an cigire, Seoirse Halpin, scrúdú ar an gcás agus mhol sé teach solais a thógáil ar an Oileán Iarthach agus ceann eile in Inis Oírr.

Fuarthas léas ar ionad an dá theach solais ó mhuintir Digby agus faoi Nollaig na bliana 1853 bhí an dá theach tógtha suas go dtí an dara hurlár. I mí Iúil na bliana 1857 eisíodh fógra do mhairnéalaigh go lasfaí solas sa dá thúr nua Lá Samhna na bliana céanna. Cuireadh moill ar an obair de bharr drochaimsire ach lasadh solas sna túir ar an 1ú lá de mhí na Nollag. An lá céanna dúnadh teach solais Eochla.

Nuair a dúnadh an teach solais seo chaill muintir Árainn Mhór solas treorach úsáideach do Chuan Chill Éinne. Trí bliana roimhe seo cuireadh iarratas isteach chun solas treorach a chur suas ar Oileán na Tuí ach, cé go raibh Seoirse Halpin báúil leis an iarratas, dhiúltaigh an Bord Tráchtála an costas a chur ar fáil.

Chuir Tomás Thompson iarratas isteach ina dhiaidh sin ach tugadh cluas bhodhar dósan chomh maith. Sa mbliain 1859 chuir sé iarratas eile isteach agus an t-am seo thairg an Bord Tráchtála teach solais a thógáil ar Oileán na Tuí dá n-íocfaí dhá dtrian den chostas riaracháin go háitiúil. Mheas Thompson go raibh an áit ró bhocht le costais mar seo a chur ar fáil agus fágadh an scéal mar sin ar feadh roinnt blianta.

I Márta na bliana 1867 chuir Séamas Ó Flaithearta iarratas isteach chun solas treorach a chur suas ar Oileán na Tuí ach ní raibh aon toradh air. I mí Iúil na bliana ina dhiaidh sin chuir sé iarratas eile isteach agus an t-am seo fuair sé éisteacht. I mí Iúil na bliana 1871 reachtaíodh an feachtas ach níor tosaíodh ar an tógáil go dtí 1874. Lasadh solas sa túr don chéad uair ar an 1ú lá de Mheán Fómhair na bliana 1878.

IV

SCOILEANNA NA N-OILEÁN

De réir dhaonáireamh na bliana 1821 bhí cúig scoil scairte in Árainn: ceann sa túr faire in Inis Oírr faoi Fhlaithrí Ó Drisceoil, ceann eile in Inis Meáin, ceann i gCill Éinne, ceann in Eochaill faoi Raghnall Mac Dónaill agus Séamus de Búrca agus ceann eile in Eoghanacht faoi Sheán Mac Dónaill.

Faoin mbliain 1826 bhí scoil Phrotastúnach in Árainn Mhór faoi choimirce an London Hibernian Society agus Pádraig Ó Dufaigh ina feighil. Bhí ceithre scoil eile sna hoileáin ag an am céanna agus ba iad na múinteoirí ná Proinsias O Nualláin, Maoileachlainn Ó Céitinn, Riobard Ó Cléirigh agus Tomás Ó Luachra.[1] Bhí raghnall Mac Dónaill, faoin am seo, ag múineadh sa gCillín i gConamara.[2]

Ní raibh sna scoileanna seo ach botháin ceann tuí agus ní raibh aon stadas oifigiúil acu. Ní raibh aon cháilíocht oifigiúil ag na múinteoirí ach oiread ná aon tuarastal dóibh. D'íocadh na daltaí, áfach, idir scilling agus ocht bpingne agus cúig scilling sa ráithe leo.[3]

Sa mbliain 1831 bunaíodh na Scoileanna Náisiúnta ach, mar nár aontaigh an t-Ardeaspag Seán Mac Éil leo, ní mórán dul chun cinn a rinne siad i ndeoise Thuama,[4] agus sa mbliain 1835 ba scoileanna scairte a bhí fós in Árainn. Bhí scoil i gCill Éinne faoi Bhean Uí Dheá, scoil i gCill Rónáin faoi Raghnall Mac Dónaill, a bhí tagtha ar ais as Connamara, scoil i gCorrúch faoi Mhaoilseachlainn Ó Céitinn agus scoil i gCill Mhuirbhí faoi Phádraig de Bhailís.[5] Níl aon trácht ar aon scoil a bheith in Inis Meáin ná in Inis Oírr ná níl aon trácht ach oiread ar aon scoil Phrotastúnach a bheith san áit. Aisteach go leór, áfach, bhí an Teagasc Críostaí Caitliceach agus Protastúnach á múineadh i ngach scoil ach amháin i scoil Chill Éinne, áit ar múineadh an Teagasc Críostaí Caitliceach amháin.[6]

Is sa mbliain 1846 a tá an chéad tagairt eile do scoil Phrotastúnach le fáil sna hoileáin agus, an t-am seo, bhí trí cinn acu ann: ceann i gCill Mhuirbhí, ceann i gCill Rónáin agus an ceann eile in Inis Meáin.[7] Faoin mbliain 1849, áfach, bhí scoil Chill Mhuirbhí agus scoil Inis Meáin dúnta.[8] Níor osclaíodh aon scoil Phrotastúnach eile in Inis Meáin ach sa mbliain 1851, le linn don Oirmh. Synge a bheith san áit, osclaíodh scoil Phrotastúnach in Inis Oírr agus athosclaíodh scoil Chill Mhuirbhí.[9] Go luath sna seascaidí dúnadh an dá scoil seo ach mhair an scoil Phrotastúnach i gCill Rónáin go dtí gur fhág an comhthionól Protastúnach an áit i dtús an fichiú aois.

Sa mbliain 1851 thosaigh an t-Ath. Harley ar Scoileanna Náisiúnta a bhunú san áit. Fuarthas thí theach scoile réidh don ghnó i gCill Mhuirbhí, i bhFearann an Choirce

agus i gCill Rónáin. Osclaíodh scoil Chill Rónáin Lá Samhna na bliana 1851. Ba iad
Vaitéar Breathnach agus Máire Ní Fhlaithearta na múinteoirí.[10] Ní raibh na coimisinéirí
sásta le déanamh na scoile ná le héifeacht na múinteoirí agus baineadh den rolla í i
Nollaig na bliana 1857.[11] Bhí scoil Chill Mhuirbhí bainte den rolla ó 1856 ar an gcúis
chéanna.[12]

D'éirigh níos fearr le scoil Fhearann an Choirce. Osclaíodh í go hoifigiúil ar an 19ú
lá de Lunasa 1853.[13] Ba theach ceann tuí aon seomra a bhí inti, deich dtroigh fichead
ar fad agus dhá throigh déag ar leithead. Ní raibh de throscán inti ach dhá bhord fada,
ceithre stól agus cófra leabhar. Ba iad Peadar agus Bríd Hatton na múinteoirí agus ba
é a dtuarastal ná £10 an duine sa mbliain.[14] Sa mbliain 1868 tógadh teach scoile dhá
sheomra ar a raibh ceann slinne. Ba iad Micheál agus Nóra Ó Broinn na múinteoirí
agus bhí tuarastal £14 an duine sa mbliain dóibh. Bhí céad agus naoi ndalta déag ar an
rolla ach ba í an mheánuimhir tinrimh ná seasca a hocht.[15] Lean an scoil uirthi mar sin
féin agus cé gur baineadh den rolla í sa mbliain 1873[16] bhí sí ar oscailt arís sa mbliain
1877 agus Nóra Ó Broinn fós ag múineadh inti.[17]   Sa mbliain 1885 thosaigh Daithí
Ó Ceallacháin ag múineadh inti.[18] D'fhan sí ar oscailt go dtí 1946 nuair a osclaíodh
scoil Náisiúnta an Cheathrair Álainn a tá fós ag feidhmiú. Sa mbliain 1876 tógadh scoil
nua i gCill Rónáin,[19] a dfhan in úsaid go dtí 1935 nuair a osclaíodh an scoil atá in
úsáid fós. (D'fhan an sean scoil in úsáid ina dhiaidh sin mar halla an pharóiste go dtí
1966).

Sa mbliain 1882 thug an rialtas deontas £300 an scoil chun Scoileanna Náisiúnta a
thógáil in Inis Oírr, in Inis Meáin, i gCill Éinne agus in Eoghanacht.[20] Ós rud é nárbh
fhéidir aon léas oiriúnach a fháil ar an talamh ó na húinéirí níor baineadh aon fhónamh
as na deontais agus, dá bhrí sin, cuireadh ar ceal iad sa mbliain 1885.[21] Níos déanaí
sa mbliain chéanna, áfach, tairgeadh iad arís nuair a fuarthas léasanna oiriúnacha.[22]
Bhí obair na tógála críochnaithe sa mbliain 1889 agus an bhliain chéanna thug an
rialtas deontas £200 an teach chun teach múinteora a thógáil in aice gach scoile.[23]

V

BUNÚS AN ÚRSCÉIL 'SKERRETT'

Sa mbliain 1885 aistríodh Daithí Ó Ceallacháin as scoil Inis Meáin go dtí scoil
Fhearann an Choirce. Dhá bhliain déag ina dhiaidh sin tháinig an t-Ath. Muircheartach
Ó Fearchair chun na n-oileán. In ainneoin chliseadh na bhfataí agus na ndíshealbhuithe
ba bhlianta rachmasacha a bhí sna blianta seo agus bhí deis ag beirt fhuinniúil mar
Ó Ceallacháin agus Ó Fearchair páirt a ghlacadh in imeachtaí na háite. Tá an pháirt a
ghlac an t-Ath. Ó Fearchair sna himeachtaí seo luaite cheana féin ach ghlac Ó
Ceallacháin páirt ghníomhach iontu chomh maith. Bhí dhá churach aige ligthe amach
ar cíos le muintir na háite agus sa mbliain 1895[1] bhí sé ar duine de na daoine a bhí
chun comharchumann iascaireachta a bhunú.[2]

Sa mbliain 1905, áfach, d'éirigh sé as oifig mar bhall den bhanc talmhaíochta de
bharr easaontais a d'éirigh idir é féin agus an t-Ath. Ó Fearchair.[3]

Timpeall an ama chéanna bhí an t-Ath. Ó Fearchair ag iarraidh ar Bhord na gCeantar
Cúng Ceathrú an Chnoic a cheannach. Theastaigh ón sagart an talamh a roinnt ar
mhuintir Chill Éinne, ach theastaigh ó Ruairí Ó Direáin, an báille, an talamh a
cheannach dó féin. D'éirigh easaontas idir an bheirt agus ba é an chríoch a bhí ar an
scéal ná gur phléasc buama i dteach an Ath. Uí Fhearchair oíche an 1ú lá de

Mheitheamh na bliana 1908.[4] Bhí an t-Ath. Ó Fearchair féin as láthair ag an am agus ní raibh sa teach ach a dheirfiúr agus cailín aimsire. Níor gortaíodh an bheirt bhan ná ní dhearnadh aon damáiste don teach féin cé is moite de fhuinneoga an tseomra suí a bhriseadh.[5] Mar sin féin lean na póilíní suas an scéal agus ar an 9ú lá gabhadh Ruairí Ó Direáin agus Máirtín Mac Giolla Mháirtín ar chúiseamh gurbh iad a chuir an buama sa teach.[6] Ar an 21ú lá de mhí Iúil, tugadh os comhair na cúirte iad agus gearradh trí bliana príosúnachta ar Ruairí agus trí mhí ar Mháirtín.[7]

I nDeireadh Fómhair na bliana céanna cuireadh craobh den United Irish League ar bun in Árainn agus, ó thús, ba é an t-Ath. Ó Fearchair uachtarán na craoibhe.[8] Bhaghcatáil an League muintir Uí Dhireáin agus muintir Mhic Giolla Mháirtín agus aon duine eile a labharfadh leo. Ar an 1ú lá de Mheán Fómhair 1910 scaoileadh Ruairí Ó Direáin saor ach lean an League ar aghaidh leis an mbaghcatáil.[9]

In Aibreán na bliana 1911 labhair fear darbh ainm Colm Mac Donnchadha le duine de na daoine baghcatáilte agus, dá bhrí sin, bhaghcatáil an League eisean chomh maith. Ón mbliain 1909 i leith bhíodh sé i bhfeighil long oighre Bhord na gCeantar Cúng ach ar an 18ú lá de Aibreán briseadh as a phost é agus ceapadh beirt a bhí ina mbaill den United Irish League ina áit. Chuir an baghcatáil isteach go mór ar Mhac Donnchadha agus ar an 30ú lá de Mheitheamh rinne sé iarracht ar é féin a chrochadh. D'éirigh lena mháthair, áfach, glaoch ar na póilíní agus ghearr siadsan anuas é.[10]

Bhí aondachtóirí na tíre amhrasach faoin United Irish League agus dá bhrí sin thaobhaigh siad leis na daoine baghcatáilte. Tógadh cás Mhic Dhonnchadha suas i Westminster, ach dhearbhaigh an príomh-Rúnaí, Birrell, nach raibh aon bhaint ag an United Irish League lena bhriseadh as a phost.[11]

Ón mbliain 1905 i leith bhí droch thuarascálacha ag dul isteach in aghaidh Uí Cheallacháin agus eascairdeas ag éirí idir é féin agus an t-Ath. Ó Fearchair. I Márta na bliana 1907 thug an sagart cuairt ar scoil Fhearann an Choirce don uair dheireanach.[12]

Sa mbliain 1908, nuair a tosaíodh ar an mbaghcatáil, dhiúltaigh Ó Ceallacháin aon phlé a bheith aige leis agus dhiúltaigh sé chomh maith gan labhairt le Ruairí Ó Direáin nuair a scaoileadh eisean saor.[13]

Bhí gnás san oileán ag an am go gcuirfeadh muintir tí a mbeadh faoistin acu capall fá choinne an tsagairt a bheadh ag teacht ag léamh an aifrinn. I nDeireadh Fómhair na bliana 1909 bhí faoistin le bheith i dteach Uí Cheallacháin ach dhiúltaigh sé aon chapall a chur fá choinne an Ath. Uí Fhearchair.[14] De réir cosúlachta spreag an gníomh seo fíor-naimhdeas idir an bheirt.

Ar an 8ú lá d'Eanáir na bliana 1911 labhair an t-Ath. Ó Fearchair ón altóir in aghaidh Uí Cheallacháin agus mhol sé do na daoine gan a gclann a chur chuig scoil Fhearann an Choirce. D'oscail Ó Ceallacháin an scoil maidin lá arna mhárach ach níor tháinig aon dalta chuige. Gach lá ina dhiaidh sin, ar feadh sé mhí, d'oscail sé an scoil ach fanadh glan air. B'éigean an scoil a dhúnadh ar an 30ú lá de Mheitheamh.[15]

Thug Ó Ceallacháin an t-Ath. Ó Fearchair chun na cúirte ar chúiseamh gur thug sé míchlú air. Éistíodh an cás i nGaillimh ar an 2ú lá de Mhárta na bliana 1912.[16] Thug an chúirt breith in aghaidh Uí Cheallacháin agus ordaíodh dó costais cúirte an Ath. Uí Fhearchair a íoc. Dhiúltaigh sé é sin a dhéanamh agus ar an 16ú lá de mhí Feabhra na bliana 1914 caitheadh amach as a theach é ar eagra an tsagairt.[17]

Daithí Ó Ceallacháin agus daltaí scoil Fhearann an Choirce sa mbliain 1904.
(Grianghraf le caoinchead Mhuintir Shackleton, Leamhcán)

Daithí Ó Ceallacháin — Skerrett san úrscéal.

An tAth. Ó Fearchair — Fr. Moclair san úrscéal *Skerrett.*
(Grianghraf le caoinchead Eamainn Uí Thuathail)

NOTAÍ

NA CHÉAD DAOINE

1 Mitchell, Frank: The Irish Landscape. Londain 1976.
1. 115-16 Eogan, G. agus Herity, M.: Ireland in Pre-
history. Londain 1977. 1.24.
2 Eoghan agus Herity.: Op. cit. 1. 25.
3 Mitchell: op. cit. 11. 119-20.
4 Ibid. 1. 120.
5 Eogan agus Herity: op. cit. 1.53.
6 Mitchell: op. cit. 1.126.
7 Eogan agus Herity: op. cit. 1.80.
8 Mitchell: op. cit. 11.145-7.
9 Ibid.
10 Ibid.
11 Eogan agus Herity: op. cit. 1.117.
12 Ibid.
13 de Valera agus ó Nualláin: Survey of the Megalithic
Tombs of Ireland, Iml. III. Baile Átha Cliath, 1972.
1.17.
14 Ibid. 1.18.
15 Eogan agus Herity: op. cit. 11.119, 122.
16 Ibid. 1. 144.
17 Ibid. 11. 134-5.
18 Ibid.
19 Ibid. 1.145.
20 Ibid. 1.150.
21 Ibid.
22 Proc. R.I.A. Iml. II 1879-88.
23 Eogan agus Herity: op. cit. 1.164.
24 Ibid. 11.222-3.
25 Powell, T. G. E.: The Celts. Londain, 1958. 11.22-3.
26 Ibid. 1.28; Dillon, M. agus Chadwick, N.: The Celtic
Realms. Londain 1967. 11.1-9.
27 Eogan agus Herity: op. cit. 1.222.
28 Ibid. 1.228.
29 Gwynn: The Metrical Dindshenchas. R.I.A. Todd
lecture series 10, 1913. 11.440-9.
30 O'Flaherty, Roderic: A chorographical description
of West or H-Iar Connaught. (E g.) Hardiman. Baile
Átha Cliath, 1846. 11.76-7.
31 Ó Donnabháin, Seán: Litreacha an tSuirbhéireacht
Ordnáis, Co. na Gaillimhe.
32 Harbison, Peter: Wooden and Stone Chevaux de
Frise. Prehistoric Society. 11. 195-225.
33 Ibid.
34 Ó Donnabháin: op. cit.
35 Dunraven, Edwin, 3rd Earl of: Notes on Irish Archi-
tecture, Iml. I. Londain 1875-77.

ÁRA NA NAOMH

1 Ó Colgáin, An t-Ath. Seán: Acta SanctorumHiberniae.
Louvain 1645.
2 Kenny, J. F.: Sources for the early history of Ireland,
Ecclesiastical. Iml. I. Nua Eabhrach 1929. 11.
373-4.
3 Ó Colgáin: op. cit.
4 Gaulden, J. R. W.: Kilnamanagh: The Lost Church

of Aran. J.G.A.H.S. 11.35-41.
5 O'Flaherty, Roderic: op. cit.
6 Kenny: op. cit. 11.373-4.
7 Ibid. 1.435.
8 Zimmer, Heinrich: Keltische Beiträge II. Zeitschrift
fur deutsche Altherum XXXIII (1889) 11.206-211.
9 Annála na gCeithre Mháistir.
10 Zimmer: op. cit.
11 Hughes, Kathleen: The church in early Irish society.
12 O'Flaherty, Roderic: op. cit. 11. 83-4.
13 Ibid.
14 Ryan, J.: Irish Monasticism, its origins and early
development. Londain, 1931. 1. 105 agus 115.
15 Ibid. 11. 4-15.
16 Ibid. 1.28.
17 Ibid. 11. 16-18.
18 Hughes: op. cit. 1.14.
19 Ibid. 1. 17.
20 Ibid. 1. 27.
21 Ryan: op. cit. 1. 105.
22 Ibid.
23 Hughes: op. cit. 1. 62.
24 de Breifne, Brian agus Mott, George C.: The Churches
and Abbeys of Ireland. Londain, 1976. 1. 13.
25 Ibid. 1.9.
26 Annála na gCeithre Mháistir.
27 Ó Colgáin: op. cit.
28 Hughes: op. cit. 1.173.
29 Ibid.
30 Henry, Francoise: Irish Art from early Christian
times to 800 A.D. Londain, 1965. 1.85.
31 Ó Donnabháin, Seán: op. cit.
32 Ibid.
33 Leask, Harold G.: Irish Churches and Monastic
Buildings. Iml. I. Dún Dealgan, 1955. 1.73.
34 Ó Flaherty, Roderic: op. cit.
35 Ó Donnabháin: op. cit.
36 de Breifne agus Mott: op. cit. 1.16.
37 Dunraven: op. cit.
38 Annála na gCeithre Mháistir.
39 Hughes: op. cit. 1.227.
40 Annála Inis Faithlen. Eag. Seán Mac Airt. Baile
Átha Cliath, 1955.
41 Ibid.
42 Annála na gCeithre Mháistir.
43 Annála Inis Faithlen.
44 Annála na gCeithre Mháistir.
45 Hughes: op. cit. 1.217.
46 De Breifne agus Mott: op. cit. 1.15.
47 Hughes: op. cit. 11.263-8.
48 Ibid. 11.270-1.
49 Annála na gCeithre Mháistir.
50 Ibid.
51 Ibid.
52 O'Flaherty, Roderic: op. cit. 1.80.
53 Ibid. 1.82. (fo nóta).
54 Hughes: op. cit. 1.271.
55 de Breifne agus Mott: op. cit.
56 Ibid.
57 Westropp, Thomas J.: J.R.S.A.I. Sraith V. Iml. V,
1895, 1.
58 Hughes: op. cit. 1.148.

59 Ó Colgáin: op. cit.
60 Westropp, Thomas J.: R.S.A.I. Handbook. 1.92.
61 Ó Donnabháin: op. cit.
62 O'Flaherty, Roderic: op. cit. 1.89.
63 Ó Donnabháin: op. cit.
64 Coimisiún Béaloideasa na hÉireann. Iml. 1545, 1.96.
65 De Breifne agus Mott: op. cit. 1.20.
66 Leask: op. cit. 1.55.
67 Dunraven: op. cit.
68 Ibid.
69 Cumarsáid phearsanta le Ardmhusaem na hÉireann.
70 Henry: op. cit. 1.157.
71 Waddell, John: An archaeological survey of Temple Brecan, Aran. J.G.A.H.S. Iml. XXXIII (1972-3) 11.7-10.
72 Ibid. 1.11.
73 Ó Donnabháin: op. cit.
74 Waddell: op. cit. 1.12.
75 Ibid.
76 Ibid. 1.16.
77 Macalister, R. A. S.: J.R.S.A.I. Iml. III 1913 1.344.
78 Petrie, George: The Ecclesiastical Architecture of Ireland. Baile Átha Cliath, 1845.
79 Ibid.
80 Henry: op. cit. 1.157.
81 Waddell: op. cit. 11.24-5.
82 de Paor, Liam: Limestone Crosses of Clare and Aran J.G.A.H.S. (1955-6).
83 Leask: op. cit. 1.66.
84 Killanin, Ld. agus Duignan, Michael: Shell Guide to Ireland. Londain, 1967. 1.62.
85 Petrie, George: Christian Inscriptions in the Irish Language. Baile Átha Cliath 1878. 1.18.
86 Ibid.
87 Ibid.
88 Leask: op. cit. Iml. III 11.177-8.
89 Ó Donnabháin: op. cit.
90 Ibid.
91 Ibid.
92 Synge: John Millington: The Aran Island. Londain, 1962. 11.165-6.
93 Ó Donnabháin: op. cit.
94 Ibid.
95 Ibid.
96 Ibid.
97 Wood-Martin, William George: Traces of the Elder Faiths in Ireland, Iml. II. London 1902. 1.66.
98 Ibid.
99 Ó Donnabháin: op. cit.
100 O Flaherty, Roderic: op. cit. 1.82.
101 Goulden: op. cit.
102 O Donnabháin: op. cit.
103 Dunraven: op. cit.
104 O Dónaill, An tAth. Máirtín: Oileáin Árann, 1.162.
105 R.I.A. O.S. Inquisitions. Galway. 1, 83.

ÓN MEÁNAOIS GO DTÍ COGADH AN DÁ RÍ

1 Oifig na dTaifead Poiblí, Baile Átha Cliath 1A/48/86 Uimh. 36.
2 O'Brien, Donough: History of the O'Briens. Batsford, 1949. 1.153.
3 Ó Donnabháin: op. cit.
4 Hardiman, James: History of the Town and County of Galway. Baile Átha Cliath, 1820. 1.52.
5 Ibid. 1.53.
6 Ibid. 11.55-6.
7 Ibid. 11.60-1.
8 Ibid. 11.62.
9 Ibid. 1.333.
10 Ibid. 11.67-8.
11 Ibid. 1.85.
12 Annála na gCeithre Mháistir.
13 Ibid.
14 Ó Donnabháin: op. cit.
15 Burke, Oliver J.: The South Isles of Arran. Londain, 1887. 11.35-36.
16 Ibid. 1.36.
17 Hardiman: op. cit. 1.89.
18 O Flaherty, Roderic: op. cit. 1.385.
19 Ibid.
20 Galway Castles and their owners in 1574. J.G.A.H.S. Iml. I. 1900-1. 1.116.
21 Cal. S. P. Eliz. Iml. XCII (1582) Uimh. 65.
22 Appendix to the 11th report of the Deputy Keeper of Public Records in Ireland. Iml. II. Uimh. 3953.
23 Hardiman: op. cit. 1.95.
24 Annála na gCeithre Mháistir.
25 Chambers, Anne: Granuaile. The Life and Times of Grace O'Malley. Baile Átha Cliath, 1979. 1.108.
26 Bagwell, R.: Ireland under the Tudors. Iml. III. Londain, 1885-90. 11.151-5.
27 Ibid.
28 Appendix to the 11th Report of the Deputy Keeper of Public Records in Ireland. Iml. III. Uimh. 4939.
29 Ibid. Uimh. 5121.
30 Cal. S. P. Eliz. Iml. CXXX. Uimh. 40.
31 Ibid. Iml. CXXXVI. Uimh. 15.
32 Patent and Close Rolls, Eliz. 1588. 1.156, Uimh. 47.
33 Cal. S. P. Eliz. Iml. CXXXII, Uimh. 3.
34 Bagwell: op. cit. 175.
35 Cal. S. P. Eliz. Iml. CXXXVI. Uimh. 31.
36 Bagwell: op. cit. 1.175.
37 Ibid. 1.189.
38 Ibid. 1.203.
39 Cal. S. P. Eliz. Iml. CXLIV, Uimh. 34; Iml. CXLVI, Uimh. 6.
40 Ibid. Iml. CLI, Uimh. 81.
41 Patent Roll Eliz. 1589.
42 Curtis, Edmund: Original documents relating to Aughrim, Burrishoole and Aran. J.G.A.H.S. Iml. 15-6 (1931-5). 11.134-43.
43 Calendar of Ormonde Deeds.
44 Cal. S. P. Eliz. Iml. CLXXXIII, Uimh. 82.
45 Cal. S. P. Eliz. Iml. CXCII, Uimh. 18.
46 Acts of the Privy Council.
47 Cal. S. P. James I.
48 Ó Donnabháin: op. cit.
49 Memoirs of the Rt. Hon. Marquis of Clanrickarde. 1.71.
50 Hardiman, J.: op. cit. 1.115.
51 Memoirs of the Rt. Hon. Marquis of Clanrickarde.
52 O Flaherty, Roderic: op. cit. Aguisín le Hardiman.
53 Duffy, E. P.: Clanrickarde and the Duke of Lorraine. J.G.A.H.S. 1960-65. 1.71.
54 Ibid. 1.87.

55 Memoirs of Clanrickarde. 1.85.
56 Hardiman: op. cit. 1.133.
57 Memoirs of Clanrickarde. 1.123.
58 Goulden, J. R. W.: Arkin, an outpost in Aran. The Irish Sword. Iml. I. 1949-53. 1.264.
59 Hardiman: op. cit. 1.136.
60 Dunlop, R.: Ireland under the Commonwealth. Iml. I. Manchuin, 1913. 1.167.
61 Ibid. Iml. II. 1.305.
62 Ibid.
63 Ibid. 1.311.
64 Ibid. 1.305.
65 Ibid. 1.310-11.
66 Ibid.
67 Ó Donnabháin: op. cit.
68 Hardiman: op. cit. 1.142. (Fo-nóta).
69 Ormonde. MSS.
70 Ibid. 1.245.
71 Ibid. 1.251.
72 Ibid.
73 Ibid.
74 Ibid. 1.264.
75 Ibid.
76 Ibid. 1.282.
77 O'Brien, T. V.: History of the Aran Islands, 13th-20th century. L.S.S.5.13, Coláiste na Trionóide.
78 Ibid.
79 Ibid.
80 Ormonde MS.I. 1.295-7.
81 Ibid. 1.297.
82 Ibid. 1.299.
83 Ibid. 1.303.
84 Ibid. 1.321.
85 Ibid. 1.342.
86 Ibid. 1.345.
87 Ibid. 1.377.
88 Ibid. 11.404-5.
89 Ibid. 1.409.
90 Goulden, J. R. W.: Arkin, An Outpost in Aran. 1.267.

RÉIMEAS NA dTIARNAÍ TALÚN

1 Gibbs: The complete peerage, Iml.I. Londain 1910. 1.225.
2 Ibid. 1.226.
3 Clárlann na nGníomhas, Baile Átha Cliath. Leabhar 12, 1.299. Uimh. 5146, 1713.
4 Ibid. Leabhar 13, 1.236, Uimh. 5653, 1714.
5 Ibid. Leabhar 12, 1.280, Uimh. 82941, 1745.
6 Gibbs: op. cit. 1.227.
7 Ibid.
8 Ó Cuileáin, Lughaidh: Tráchtáil idir iarthar na hÉireann is an Fhrainc, 1660-1800. Galvia, Iml. IV 1.47.
9 Dutton: Statistical Survey of Co. Galway.
10 Clow, Archibald agus Nan: The Chemical Revolution. Londain 1952. 1.70.
11 Ibid.
12 Ibid.
13 First Report for enquiring into the conditions of the poorer classes in Ireland. Páipéir na Parlaiminte 1836, Iml. XXXII.
14 Ibid.
15 Clow: op. cit. 1.85.
16 Ibid. 11.88-9.
17 Páipéir na Parlaiminte 1836: op. cit.
18 Cumarsáid phearsanta le Micheál Ó Coisteabhla, Oifig Choimisinéirí Thithe Solais na hÉireann.
19 Oifig na dTaifead Poiblí, Baile Átha Cliath. 1a/45/6.
20 Páipéir na Parlaiminte, 1844. Iml. XII.
21 Stokes, William: The life of labours in Art and Archaeology of George Petrie. Londain, 1868. 1.57.
22 Connaught Journal, 5ú Eanáir 1826.
23 Ibid., 14ú Aibreán, 1823.
24 Ibid., 14ú Samhain, 1825; 5ú Eanáir 1826.
25 Ibid., 12ú Eanáir, 1826.
26 Ibid. 27ú Feabhra agus 2ú Márta, 1826.
27 Ibid. 6ú Márta, 1826.
28 Ibid. 6ú Aibreán, 1826.
29 Ibid. 21ú Aibreán, 24ú Feabhra agus 6ú Meitheamh, 1831.
30 Ibid. 4ú Meitheamh, 1832.
31 Ibid. 2ú Iúil, 16ú Iúil, 19ú Iúil agus 30ú Iúil, 1832.
32 Ibid. 20ú Lunasa, 27ú Lunasa agus 30ú Lunasa, 1832.
33 Ibid. 3ú Meán Fómhair agus 6ú Meán Fómhair, 1832.
34 Ibid. 23ú Bealtaine, 1833.
35 Lyons, F. S. L.: Ireland since the Famine. Glaschú, 1973. 1.75.
36 Connaught Journal: 2ú Meitheamh, 1831.
37 Lyons: op. cit. 1.75.
38 Léarscáil S. O., 1.110.
39 McDowell, R. B.: The Irish Administration. Londain, 1964. 1.176.
40 Ibid.
41 Ferguson, Sir Samuel: Clonmacnoise, Clare and Aran. Dublin University Magazine. Iml. XLI, 1853. 1.90.
42 Relief of Distress. House of Commons Papers, 1846. Iml. XXXVII.
43 Galway Vindicator: 2ú Bealtaine agus 13ú Bealtaine, 1846.
44 Relief of Distress. op. cit.
45 Ibid.
46 Galway Vindicator: 2ú Bealtaine agus 13ú Bealtaine 1846.
47 Ibid.: 23ú Eanáir 1847.
48 Ibid.: 3ú Feabhra 1847.
49 McDowell, R. B.: op. cit. 1.181.
50 Ferguson, Sir Samuel: op. cit. 1.90.
51 Coimisiún Béaloideasa na hÉireann. Iml. 1069.
52 McDowell, R. B.: op. cit. 1.187.
53 Ibid.
54 Galway Vindicator, 9ú Bealtaine 1863.
55 Monck Mason, Henry: History origin and progress of the Irish Society. Baile Átha Cliath, 1844. 1.9.
56 Bowen, Desmond: The Protestant Crusade in Ireland. Baile Átha Cliath, 1978. 1.71.
57 Dallas, Alexander: The Irish Church Missions. Baile Átha Cliath, 1867.
58 Páipéir na Parlaiminte 1826-27, Iml. XII. Irish Education Enquiry. Second Report.
59 Annual Report of Island and Coast Society (1883).
60 L.S. 7664. Coláiste na Trionóide.

61 Sirr, Rev. Joseph Darcy: A Memoir of the Hon. Power Le Poer Trench. Baile Átha Cliath 1845. 1.626.
62 Páipéir na Parlaiminte 1835, Iml XXXIII. First Report of Commissioners of Public Instruction.
63 L.S. 7664. Coláiste na Trionóide.
64 Yearly Statement: Missionary Progress of Island and Coast Society, 1846.
65 Ibid.
66 L.S. 7664, Coláiste na Trionóide.
67 Ibid.
68 Ibid.
69 Ibid.
70 Litreacha ón Oirmh. Synge chuig a dheartháir. Col. na Trionóide.
71 Connaught Journal, 21ú Meán Fómhair, 1829.
72 Galway Vindicator, 2ú Meitheamh, 1852.
73 Ibid., 3ú Aibreán, 1853.
74 Ibid., 27ú Aibreán, 1853.
75 Ibid., 14ú Bealtaine, 1853.
76 L.S. 7664, Coláiste na Trionóide.
77 Ibid.
78 Ibid.
79 Ibid.
80 Galway Vindicator, 23ú Bealtaine, 1863.
81 Ibid.
82 Ibid.
83 Ibid., 12ú Feabhra, 1862.
84 Ibid., 16ú Aibreán, 1864.
85 Ibid., 2ú Bealtaine, 1863.
86 Ibid., 9ú Bealtaine, 1863.
87 Ibid., 16ú Bealtaine, 1863.
88 Ibid., 16ú Aibreán, 1864.
89 Ibid.
90 Ibid., 26ú Deireadh Fómhair, 1864.
91 Ibid., 9ú Nollaig, 1868.
92 Ibid., 3ú Nollaig, 1868.
93 Ibid., 21ú Lúnasa, 1869.
94 Ibid., 26ú Nollaig, 1868.
95 Ibid., 13ú Eanáir, 1869.
96 Ibis., 21ú Lúnasa, 1869.
97 Ibid., 13ú Eanáir, 1869.
98 Ibid., 22ú Meán Fómhair, 1869.
99 Ibid., 13ú Eanáir, 1869.
100 Ibid., 30ú Nollaig, 1868.
101 Ibid., 9ú Nollaig, 1868 agus 30ú Nollaig, 1868.
102 Ibid., 2ú Nollaig, 1868.
103 Ibid., 3ú Feabhra, 1869.
104 Ibid., 24ú Samhain agus 22ú Nollaig, 1869.
105 Ibid., 27ú Meán Fómhair, 1871.
106 Ibid., 5ú Deireadh Fómhair, 1872.
107 Ibid., 9ú Samhain, 1872.
108 Clárlann na nGníomhas, Leabhar 227, Uimh. 20 (1877).

COGADH NA TALÚN

1 Galway Vindicator, 21ú Meán Fómhair, 1867.
2 Lyons, F. S. L.: Ireland Since The Famine. 1.114.
3 Palmer, N. D.: Land League Crisis. New Haven (1940) 1.64.
4 Ibid.
5 C.S.O.R.P. 1892/9897.
6 Ibid.
7 Ibid.
8 Ibid.
9 Ibid.
10 Ibid.
11 Ibid.
12 Ibid.
13 Ibid.
14 Ibid.
15 Ibid.
16 Ibid.
17 Ibid.
18 Lyons, F. S. L.: John Dillon. Londain (1968). 11. 30-31.
19 Ibid., 130. Palmer: op. cit. 1.132.
21 Ibid. 1.141.
22 Ibid. 1.64.
23 Ibid. 11.138, 142.
24 C.S.O.R.P. 1892/9897.
25 Ibid.
26 Ibid.
27 Ibid.
28 Leabharlann Náisiúnta, L.S.8291.
29 C.S.O.R.P. 1892/9897.
30 Ibid.
31 Palmer: op. cit. 1. 84.
32 Ibid. 1.90.
33 Ibid.
34 Proceedings of Mansion House Relief Committee. 1.27.
35 Galway Express. 10ú Aibreán, 1880.
36 Leabharlann Náisiúnta. Ls.8291.
37 Ibid.
38 Ibid.
39 Galway Express. 19ú Meitheamh 1880.
40 C.S.O.R.P. 1892/9897.
41 Páipéir na Parlaiminte 1881. Iml. LXXII: Returns relating to Agrarian Crime.
42 C.S.O.R.P. 1880/12485.
43 Galway Express. 19ú Meitheamh, 1880.
44 C.S.O.R.P. 1892/9897.
45 Ibid.
46 Ibid.
47 Ibid.
48 Ibid.
49 Ibid.
50 Returns relating to Agrarian Crime. (1881)
51 Leabharlann Náisiúnta. Ls.8291.
52 C.S.O.R.P. 1892/9897.
53 Galway Vindicator. 13ú Nollaig, 1880.
54 Ibid. 25ú Meán Fómhair, 1880.
55 Returns relating to Agrarian Crime. (1881).
57 Palmer: op. cit. 1.195.
59 C.S.O.R.P. 1881/38620.
60 Galway Vindicator. 30ú Deireadh Fómhair, 1880.
61 Ibid. 1ú Meitheamh 1881.
62 Ibid. & C.S.O.R.P. 1892/9897.
63 Lyons: John Dillon. 1.44.
64 C.S.O.R.P. 1881/6819.
65 Ibid.
66 Galway Vindicator. 1ú Meitheamh, 1881.
67 C.S.O.R.P. 1892/9897.

68 Ibid.
69 Galway Express. 4ú Meitheamh, 1881.
70 C.S.O.R.P. 1881/31067.
71 Galway Express. 25ú Meitheamh, 1881.
72 Palmer: op. cit. 1.280.
73 Ibid. 1.283.
74 C.S.O.R.P. 1892/9897.
75 Ibid.
76 The Nation. 10ú Meán Fómhair, 1881.
77 Ibid. 1ú Deireadh Fómhair, 1881.
78 Lyons: John Dillon. 11.56-60.
79 Ibid.
80 Palmer: op. cit. 1.300.
81 Ibid. 1.301.
82 Galway Vindicator. 26ú Deireadh Fómhair, 1881.
83 C.S.O.R.P. 1881/38620.
84 C.S.O.R.P. 1881/31067.
85 C.S.O.R.P. 1892/9897.
86 Ibid.
87 C.S.O.R.P. 1892/29248.
88 Ibid.
89 C.S.O.R.P. 1882/39758.
90 C.S.O.R.P. 1892/9897.

DUL AR AGHAIDH

1 Galway Vindicator. 28ú Meán Fómhair, 1881.
2 Ibid. 26ú Deireadh Fómhair, 1881.
3 Ibid. 29ú Samhain, 1881.
4 C.S.O.R.P. 1884/55.
5 Páipéir na Parlaiminte, 1884. Iml. LXVI.
6 Páipéir na Parlaiminte, 1884-5. Iml. LXV.
7 Páipéir na Parlaiminte, 1886. Iml. LIV.
8 Páipéir na Parlaiminte, 1886. Iml. LIV.
9 Ibid.
10 C.S.O.R.P. 1891/2968.
11 Ibid.
12 Ibid.
13 C.S.O.R.P.: 1886/7834.
14 Lyons: Ireland since the Famine. 1.178.
15 C.S.O.R.P. 1886/7834.
16 C.S.O.R.P. 1892/9897.
17 C.S.O.R.P.
18 Ibid.
19 Ibid.
20 Ibid.
21 Ibid.
22 Ibid.
23 Ibid.
24 C.S.O.R.P. 1892/9897.
25 Ibid.
26 Ibid.
27 Ibid.
28 C.S.O.R.P. 1891/5012.
29 Ibid.
30 Ibid.
31 Ibid.
32 Survey of C.D.B.
33 C.D.B. First Annual Report 1893.
37 C.S.O.R.P. 1894/8153.
38 Ibid.
39 Ibid.
40 Ibid.

41 Eolas a fuarthas go príobháideach ó John Tyrrell as an Inbhear Mór.
42 C.D.B. First Annual Report 1893.
43 Ibid.
44 Ibid.
45 C.D.B. Second Annual Report 1893.
46 Féach 41 thuas.
47 Kane, Rev. Patrick: Aran of the Fishermen 1.240. New Ireland Review Iml. IX (1898).
48 O Dónaill, An t-Ath. Martan: Oileáin Árann. Baile Átha Cliath (1930). 1.273.
49 C.D.B. Second Annual Report 1893.
50 Ibid.
51 C.S.O.R.P. 1894/8153.
52 C.S.O.R.P. 1894/1950.
53 Ibid.
54 C.S.O.R.P. 1894/8153.
55 Ibid.
56 Ibid.
57 Ibid.
58 Ibid.
59 Ibid.
60 Ibid.
61 Ibid.
62 Ibid.
63 Ibid.
64 Ibid.
65 C.D.B. Third Annual Report 1894.
66 C.S.O.R.P. 1895/8185.
67 Ibid.
68 Ibid.
69 Ibid.
70 C.D.B. Fourth Annual Report 1895.
71 C.D.B. Fifth Annual Report 1896.
72 C.S.O.R.P. 1910/11382.
73 Ibid.
74 Ibid.
75 Ibid.
76 Ibid.
77 Ibid.
78 C.D.B. Sixth Annual Report 1897.
79 C.S.O.R.P. 1910/11382.
80 Ibid.
81 Ibid.
82 Ibid.
83 Ibid.
84 Ibid.
85 Synge, J. M.: The Aran Islands.
86 C.S.O.R.P. 1910/11382.
87 C.D.B. Ninth Annual Report 1900.
88 Ibid.
89 C.D.B. Tenth Annual Report 1901.
90 Eolas a fuarthas go príobháideach ó Mhicheál Ó Goill as Cill Rónáin.
91 Páipéir na Parlaiminte 1906. Iml. CVIII.
92 C.D.B. Fifteenth Report for year ending 31 March 1906.
93 Sixteenth Report for year ending 31 March 1907.
94 C.D.B. Thirteenth Report for year ending 31 March 1904.
95 C.D.B. Fifteenth Report for year ending 31 March 1906.
96 C.D.B. Seventeenth Annual Report for year ending

31 March 1908.
97 Bolger, Patrick: History of the Irish Co-operative Movement ll. 325-328.
98 C.S.O.R.P. 1910/11382.
99 Ibid.
100 Lyons, F.S.L.: Ireland Since the Famine, l.216-217.
101 Ibid.
102 Ibid.
103 Ibid.
104 Ibid.
105 Ibid.
106 Ibid.
107 Ibid.
108 Ibid.
109 Ibid.
110 Ibid.
111 Ibid.
112 Ibid.
113 Irish Land Commission Record Dept. Box 5176 Sch. L. No. 1 Record No. C.D.B. 9822.
114 Ibid.

AN MHAINISTIR PHROINSIASACH

1 Bagwell: op. cit. Iml. II 1.170.
3 Cal. S. P. Eliz. Iml. CXXX. Uimh. 26.
3 Giblin, Cathaldus: Liber Louvaniensis.
4 Ibid.
5 Ibid.
6 Ibid.
7 Ibid.
8 Millett: The Irish Franciscans. 1.284.
9 Giblin: op. cit.
10 Ibid.
11 Ibid.
12 Ibid.
13 Ibid.
14 Archivium Hibernicum, Iml. V, 1.127.

LONGBHRISTEACHA

1 Connaught Journal. 25ú Lúnasa, 1823.
2 Ibid. 10ú Feabhra, 1835.
3 Ibid. 12ú Samhain, 1835.
4 Galway Vindicator, 14ú Meán Fómhair, 1861. ibid. 18ú Meán Fómhair, 1861.
5 Ibid. 27ú Bealtaine, 1876.
6 Ibid. 15ú Eanáir, 1879.

NA TITHE SOLAIS

Fuarthas an t-eolas seo ar fad go proíbháideach ó Mhicheál Ó Coisteabhla, Oifig Choimisinéirí Thithe Solais na hÉireann, Baile Átha Cliath.

SCOILEANNA NA N-OILEÁN

1 Irish Education Enquiry, Second Report. Páipéir na Parlaiminte, 1826-7, Iml. XII.
2 Uí Mhurchú, Bríd Bean: Oideachas in Iar Chonnacht sa naoú haois déag. Baile Átha Cliath, 1954. 1.33.
3 Irish Education Enquiry, Second Report.
4 O Reilly, Rev. Bernard: John McHale. 11.444-453.
5 First Report of the Commissioners of Public Instruction. Páipéir na Parlaiminte, 1835, Iml. XXXIII.
6 Ibid.
7 Missionary Progress of the Island and Coast Society: Yearly Statement, 1846.
8 Ibid. 1849.
9 Ibid. 1851. Ls.7664, Col. na Trionóide.
10 Oific na dTaifead Poiblí, 2c/57/34, Bileog 127.
11 Oifig na dTaifead Poiblí, 2c/56/11.
12 Oifig na dTaifead Poiblí, 2/c/56/12, Bileog 139.
13 Oifig na dTaifead Poiblí, 2/c/57/34, Bileog 173.
14 Oifig na dTaifead Poiblí, 2c/57/34.
15 Oifig na dTaifead Poiblí, 2c/67/18, Bileog 76.
16 Oifig na dTaifead Poiblí, 2c/56/12, Bileog 35.
17 Ibid. Bileog 37.
18 Ibid.
19 Ibid. Bileog 80.
20 Ibid. Bileoga 157, 159, 160, 161.
21 Ibid.
22 Ibid.
23 Ibid.

BUNUS AN URSCÉIL *SKERRETT*

1 Kane, Rev. P.: op. cit.
2 Freeman's Journal, 16ú Feabhra, 1895.
3 Galway Express, 6ú Meitheamh 1908.
4 Ibid.
5 Ibid. 13ú Meitheamh 1908.
6 C.S.O.R.P.
7 Galway Express, 23ú Márta, 1912.
8 Ibid.
9 Ibid. 11ú Samhain, 1911.
10 C.S.O.R.P.
11 Galway Express, 23ú Márta, 1912.
12 Ibid.
13 Ibid.
14 Ibid.
15 Ibid.
16 Ibid. 28ú Feabhra, 1914.

CLÁR